U0002599

Life Is a Verb

37 Days to Wake Up, Be Mindful, and Live Intentionally.

37 堂
改變人生的
生命書寫課

過好生活得獎格主 戴佩蒂 (Patti Digh) 著

郭寶蓮 譯

目錄

自序

為什麼是三十七天

時間耗盡才顯得珍貴——彼得・史崔普（Peter Strup）

　　在生命的某一天，你發現只剩三十七天可以活。或許今天就是那一天，或許是明天。

　　這一天就發生在一位男子身上。他身高一九三公分，操美國南方口音，膚色古銅如高爾夫健將，在第二次世界大戰中，由於戰功彪炳而榮獲五顆銅星勳章，擁有一輛深綠色豪華林肯轎車。二〇〇三年十月二十四日，一個美麗的初秋時分，他被診斷出肺癌，三十七天後離世。

　　這人是我的繼父波伊思。在確定罹癌到去世的短短三十七天，我幫助他度過每一天，看著他邁向死亡。這個過程促使我發想：如果只剩三十七天可以活，我今天會做什麼？

　　因為他想在家裡闔眼，母親和我帶他回家照顧。由於我不曾跟大限將至的人相處，頓時不知所措。二十多年前親生父親臨終時，我才二十歲，那天我待在加護病房的等候室，沒人問我要不要在他離世前見他最後一面，而在他闔眼後我才有機會看一眼。從那時起，我深切體悟到，我們的文化有多麼避諱死亡。

　　幫助繼父走完人生旅程的經驗雖然深刻，但也令我驚惶失措，彷彿闖入禁地，聽見不該聽的事情，我幫他打嗎啡的動作，彷彿駕輕就熟。很快地他失去說話能力，這讓我的照料工作變得更加困難，但在某些方面也更為容易。我擔心焦慮，不知道下一刻會發生什麼事情。沒有手冊醫囑讓我可遵循，知道他感覺如何、心裡在想什麼、體內癌細胞如何啃

噬等等。我無法得知，而他也無法告訴我。

我所能想到跟他的話題都是零零碎碎的，也會引起傷痛，所以我只好用手勢問他要看影片嗎？我沒有出聲，隨後想到：搞什麼呀，我要讓他在人間最後見到的是影星休葛蘭嗎？看報也不行，報紙內容跟他幾無相干，都是一些偏頗文字。然而，在這段重要的有限時間內，在這段從活著步向死亡的日子裡，到底怎樣做才適切？

晚上我聽見製氧機的活塞推進又推出，我等候著，納悶它何時停止。最後，它真的停了，就在他的腳板開始發紫，向上蔓延全身之後，也就是診斷噩耗宣布後的第三十七天。

三十七天，這個數字在我內心留下難以抹滅的印象。我們經常活得彷彿擁有全世界的時間，接著駭然發現三十七天短到令人震撼。這麼短的時間，不夠我們留駐生命裡的懊悔和歡笑呀。

如果我只剩三十七天可以活，我會把它用來打掃閣樓、清空電腦檔案或者參加會議嗎？那時我已將我的人生故事告訴孩子和朋友，還是開始悔恨沒時間做這些事？現在的我過得很充實嗎？或者我要一直等到孩子離家上大學、退休金年金到期，或是職業足球隊公馬隊搬回巴爾的摩？到時，恐怕一切太遲。

繼父的驟逝讓我明白，我必須從中體悟出正面意義。於是，接下來每天早上我持續問自己：**如果只剩三十七天可以活，我今天會做什麼？**

有時，這問題真難回答。

十年前，我最喜歡的一位教授雪瑞登・西蒙（Sheridan Simon）離開人間，當年他才四十六歲，是個優秀傑出的物理學家，充滿魅力、個性幽默，我在畢業十幾年後仍與他保持連絡。醫生告知他只剩一年可以活：「在這一年裡，你想做什麼就去做。」於是他真的盡情度過最後那一年。

他的學校同事暨好友強納森・馬立諾（Jonathan Malino）寫下一段哀悼詞：「他繼續保持生病之前的那種生活，他的生命觀、他的智慧

心，就蘊藏在他每天具體活出的熱忱和奉獻裡。一天又一天，他需要愈來愈多的勇氣和決心，才能持續這樣的生活。雖然痛楚加劇、虛脫漸深，然而，就在臨終前三天，雪瑞登仍在課堂上幫助學生，用盡每分力氣想讓別人過得更好。」

雪瑞登老師辭世前八天捎了一封信給我，信末他寫道：「保持連絡，好嗎？愛妳的雪瑞登。」

名記者瑪喬麗・威廉斯（Marjorie Williams）在剛過完四十七歲生日的第三天死於肝癌，她的丈夫將哀悼化為行動，將她的隨筆文章集結成《在華盛頓動物園的女人》（*The Woman at the Washington Zoo*）一書，書中提到：「當我面臨大家閒談時的老話題（若發現你只剩一年可活，你會怎麼做？），才發現有孩子的女人有特權或者該說有責任跳過這種存在主義式的討論。如果你有年幼的孩子，這時你會做的就是盡可能正常過日子，只不過會做更多鬆餅。」

對於大家閒談的這個老話題，我的答案就跟雪瑞登・西蒙及瑪喬麗・威廉斯一樣，我不會舉家離鄉，來個環球之旅，也不會想攀登聖母峰，或者耗盡最後的精力去學通行於印度和巴基斯坦的烏都語，還是跑到什麼遙遠的地方追尋開悟。**我只會更用心地讓每一天過得更精彩、更有意義**。只要單純地正面看待每一天、慷慨、多發表意見、多去愛、信任自己、放慢腳步，更充實地過僅剩的日子，而非創造什麼新的生活方式。當然，每一天我要做出更多鬆餅（裡面還要放很多巧克力。）

當我認真思索人生的最後三十七天，漸漸明白一件事：為了兩個年幼的女兒，我要留下更好的記憶。我知道若今天就是最後三十七天中的一天，我會拼命寫下給女兒愛瑪和泰絲的文字，好讓她們知道和記得，我不止是個母親，也是個真真實實的人。即便我走了，我也會留下想法和回憶，夢想和恐懼，關於我的過去和我所認識人們的記憶。

我會探索生活的真正意義，並留給女兒們一本心得筆記，告訴她們如何應付難關，讓這本筆記引導她們度過沒有我相伴的人生。裡頭不是寫要去哪裡剪頭髮、如何蒸煮蔬菜、如何避免靜電，如何換輪胎或訂到

最便宜的機票，而是一些更深刻的事情，譬如該如何知道該關心什麼、如何對待周遭的人（以及自己），該問什麼樣的問題、如何去愛、該捍衛什麼、以及為何該說出自己的想法並聆聽別人的想法。而此書企圖做這樣的一本指南。所以，為女兒們寫下我的故事，教導她們充實過日子，於是我也得以藉此學到如何充實地活著，這就是我在人生最後三十七天所要做的事。

就從這裡開始。

> 人生苦短，別浪費時間去模仿別人的生活。
> ——史帝夫·賈伯斯，蘋果電腦創辦人

前言

隨身帶筆，以及如何閱讀本書

閱讀不思考，猶如進食不消化
——埃德蒙·伯克（Edmund Burke），十八世紀愛爾蘭政治家暨哲學家

　　曾經有人問俄裔美籍作家弗拉基米爾·納博科夫（Vladimir Nabokov）：「你心目中的理想讀者是什麼樣子？」他回答：「閱讀時手邊有字典和筆的人。」同樣地，詩人比利·科林斯（Billy Collins）也認為，筆就像地震儀，可以記錄下我們閱讀時的內心悸動。他在一場典禮的致詞就曾這麼說道：「隨手筆記是我們的在場證明，使我們手中的書不再只是一本康拉德（Joseph Conrad）所寫的《黑暗之心》（*The Heart of Darkness*），而是**我所閱讀的《黑暗之心》**——讓我和該書的作者得以進行一場安靜的交流對話。」

　　在書的頁面空白處書寫筆記，是一種進一步的對話方式，能具體記錄我們與文字的相遇火花，不論筆記是隨手塗寫，或潦草記在邊欄、書封的對摺頁，扉頁的空白處。我希望你能在本書的邊欄、字句之間或字句下方寫下你的想法，或許，你會在字裡行間發現我的註記。

　　達爾文最著名的記錄，是一八七〇年隨手畫在書頁邊緣空白最早的演化樹圖。在這張圖上方寫著簡單一句話：「我認為是這樣。」另外，歷史上最出名的書頁筆記或許是《費瑪的最後定理》（*Fermatj's last theorem*）：一六三七年，這位數學家在古希臘數學家戴奧弗多斯〔Diophantus〕的《算術》（*Arithmetica*）一書的空白處寫道：「要不是這頁空白太小，不然我對這個數學題的證明可是要精彩多了。」如果不是書頁空

白處太窄，數學家也不必花了三百五十七年才求出演算證明。

倘若我們要寫（或不寫）筆記的地方不是在**書本**，而是在**生命**的空白處呢？**倘若我們的生命就是書**，那麼足以證明我們存在的痕跡是什麼？我們在書頁空白處塞進的是對生命的詮釋和疑問嗎？或者只是把「諷刺」、「沮喪」、「無言」、「不公平」等字眼圈出或標出來，眼裡只看到一堆挑釁的動詞，形成煽動的利箭。或者，我們只是翻過一頁又一頁，被動接受生命所給予的一切，儘管憤怒不滿，卻保持沉默？

一九八〇年我在基爾福特學院（Guilford College）唸書時，讀到英國詩人丁尼生（Tennyson）的《**悼念**》（*In Memoriam*），當時我的親生父親剛過世沒多久。我在這本書的空白處寫下一則則筆記，有些看來天真得令人羞窘，有些則呈現出我當時的心理狀態，像在一條綿延不絕的悲傷之河上航行。「愛與／悲合一」、「循環又開始」、「他走了」，當然，就跟所有其他大學生一樣，還寫著「人 vs. 自然」。這些全都出自我那愚笨、瘋癲、紊亂的手，也是一個年輕女子閱讀**自己**的生命、悼念自己的哈蘭姆（Hallam，譯注 1）的記錄。在書裡「他不在這裡，而在遠方／生命的喧譁再次響起」這句話旁，我寫下：「消失的生命，永遠下雨……我亦然。」

在書裡留下原子筆、鉛筆的痕跡，不是對書的摧殘，而是對話。正如英國作家海絲・特梭爾・皮歐吉（Hester Thrale Piozzi）在一七九〇年所言，「我有個癖好，喜歡在書的邊緣空白處書寫，這不是個好癖好，但我就是渴望表達一些東西。」**我就是渴望表達一些東西。**

我慢慢體會到，這本書就是我的筆記，是我生命的地震儀，是我想表達一些東西的渴望，我企圖透過比我存在更久的載體，讓我的生命能夠延續到未來。或許，你也渴望表達些什麼，而此書中的空白處，希望由你來書寫。

譯注

1 英國詩人丁尼生的《悼念》和一書內容在追悼摯友哈蘭姆（Hallam），並藉此延伸到關於死亡、永生、信仰等哲學思考。

本書的設計

我沒辦法閱讀機場書店裡所販賣的平裝本，厚厚小小，一打開整本書就會變得鼓漲，紙張斑駁、排版印刷乏善可陳、一行字直接排到紙張邊緣，密密麻麻，頁面邊欄只夠寫上自己的名字。我閱讀時希望捧書的手指不要遮到文字，字體格式要能吸引我，還要有足夠的空白，充分的呼吸空間，能讓我思考、與作者互動，保留「就這樣空著」的留白。為了你，我們希望在本書裡創造出這樣的閱讀體驗。

我希望你能融入這本書，就像你融入生命。無論我在世界哪個角落遇到你，在美國的德摩音市（Des Moines）、歐海市（Ojai）或者丹麥的哥本哈根、南非的斯特連波什（Stellenbosch），我希望屆時你拿出這本書時，我會看到整本書東摺西摺，幾乎翻爛，空白處還瘋狂地寫滿了你的看法，包括對本書贊同或者不贊同的意見。我希望從中見到你的投入程度，以及你所感受到的內心悸動。藉由對這本書的閱讀和理解，把某部分的你放進空白處。

讓自己活得有意義的六種練習

在我替女兒撰寫書中故事的過程中，故事的模式和情節自然而然接連出現。完成時，我後退一步觀看全貌：經由三年的探索，我找出了讓生命更有意義的六個練習，而這本「生命指南書」將之全部列出來：強度、融合、正直、親密、直覺、專心。現在讓我們起而行吧，免得為時已晚。

在下一章，你會讀到這些練習的細節。首先解釋本書架構。每個練習都會以六個故事來闡述。正如第一章裡所述，生命要透過故事介紹才有意義。美國女作家歐康娜（Flannery O'Connor）說：「透過故事，你可以說出其他方式表達不出的事物，故事裡的字字句句都具有意義。之所以要說故事，是因為光靠陳述不足以表達。」

從故事到挑戰

每則故事後面各附有兩個挑戰：一個是可以立刻進行的「行動」，另一個是持續漸進的「進擊」。下面就來說明這兩種挑戰。

文豪海明威曾提醒世人：「別把行動和進擊搞混。」在「行動」欄中，可以立即行動讓改變開始進行，但若缺乏持續的實踐練習，就不可能產生足夠的動力來達到真正的進步。進步必須經過**時間**累積。在思考「進擊」時，把它當作手錶或時鐘等製造或傳送行動的機制，一聲聲的滴答組成了我們的三十七天，隨時間發生改變。

行動──馬上動手做

設計這部分的目的，是要迅速、即時地強化每一則故事所具有的意義。本書中大多的挑戰行動部份，都是十分鐘的書寫練習。在這些練習中，你只需要幾項簡單的工具：一本筆記本、一枝你喜歡的筆（還有一臺關上螢幕的電腦──這點請容我稍後詳談），以及一個計時器。我建議你去平價賣場買最便宜的筆記本，別用那種書框鑲金、封面有浮雕圖案的昂貴精裝筆記本，免得你只擔心會把本子寫錯，而不敢在上面塗寫你的偉大想法。買便宜的本子，你就可以盡情發揮，看是要寫出無趣、愚蠢或是劣根性。你也需要一個便宜的計時器，免得為了看時鐘而中斷思緒。另外，如果你的生活裡沒有三乘五吋大小的空白分類卡片來捕捉一閃的靈光，麻煩你也去買一疊吧。

關於這些挑戰，有一點要事先說明：我所提出的，純粹只是一種建議。每位讀者對於故事的意義都有不同的詮釋，而將這些意義整合入生命的方式也不同。此外，對於有身心障礙的朋友們而言，要充分實踐，或許必須先調整這些挑戰的形式；我希望每個挑戰都能善加調整並執行，譬如以錄音取代打字，希望我也能知道你是如何調整或改變這些挑

戰，或是純粹因為個人喜好都行。

何謂專注的自由書寫？

　　即時書寫就是一種「專注的自由書寫」，指的是在第一時間迅速地寫下腦袋裡冒出的想法，不做任何判斷，如此一來就可以深入探索內心世界，超越平常的思考。平時我們總是習慣規矩整齊，書寫時一定使用正確標點、遵守文法、拼字無誤，絕不會漏寫一筆一劃。但在專注的自由書寫中，這些規矩都不重要，事實上，這些規矩不是幫助，而是阻礙。**停止思考，提筆就寫**，在一定的時間內儘管放膽寫。設定時間可以敦促你的右腦運作。若完全投入，你通常會寫到忘了時間。但無論如何，至少寫個十分鐘。

> 練習意味著執行。即使面對一切阻礙，依舊設法執行出願景，展現信念和渴望的動作。唯有練習，才能達到你所渴望追求的完美。
> ——瑪莎‧葛蘭姆（Martha Graham，現代舞大師）

　　（最好）用手寫，若不能手寫，那就在**關閉螢幕**的電腦前打字，萬一兩者都不行，可以用錄音機來捕捉思緒。不要去修正文法或標點符號，也別讓筆尖離開紙張。如果你要在電腦上寫，就關掉螢幕，看不見螢幕，你就不會停滯在錯誤的文字或文法上。在進行「行動」時，只要設定好時間，請盡情放膽地寫下任何冒出來的想法。如果你實在沒東西可寫，乾脆就不停地寫「卡住」兩個字，直到腦海冒出字句，原則是要讓筆（或者鍵盤上的手指）不停移動。你不需要全身緊繃、振筆疾書，但絕不可停下來。千萬別停，別去判斷你寫的東西，也別修正寫下的內容。筆尖動不停是一種幫助。這種過程不需要有意義，也毋需被別人看見。時間一到就停筆，看看你所寫的東西，將「熱點」（hot spot）——在你看來最醒目的辭彙或字句——圈起來。接著再次設定計時器，寫下你對於熱點的想法，時間是分三鐘，這個過程會帶你沈潛更深。計時器響起時，將筆記本挪到一旁，等著下次的書寫挑戰。

本書的挑戰行動大多是十分鐘的書寫練習。有些行動涉及到觀察、跟別人互動、創造出某些東西，或者進行不一樣的反省。在每個故事的末尾，我會更詳細說明這類行動。每種挑戰都需要進行十分鐘左右。

> 我們創造故事，故事也創造我們，正如一首迴旋曲。
> ——奇努阿‧阿契貝（Chinua Achebe），奈及利亞小說家

進擊——持續三十七天

最近我去參加一個研討會，講者要求大家參與進擊練習。「坐在地板上」、「現在改變姿勢」於是大家紛紛開始調整成各種古怪、笨拙、好笑的姿勢，想要把旁邊的人給比下去。講者說：「現在，想想看，你的姿勢是否可以維持很久？可以維持多久？」大家哄堂大笑，這才發現自己扭曲的形狀和姿勢雖然看起來很厲害，但根本無法持續下去。活得有意義亦然。本書不是要你扭曲成怪異可笑的姿勢，或者擺出不像你的樣子，也不要你和別人較勁，而是要你能持續下去、專注不懈。

要活出更有深度、更有意義的生活，我們就必須練習。進擊挑戰的目的就是設計出讓你能深潛探究，日後可以重拾、嘗試，一段時間後仍能反芻的東西。

> 發怒無助於理解。
> ——威廉斯（H.H. Willimas）

更具體來說，這些東西需要你在三十七天內好好練習。你可以挑選某些既有的挑戰，或者在閱讀思考過書中的故事後，替你自己創造出一個新的挑戰。重點在於練習。

一次進行所有的挑戰，可能會超出你的負荷，所以只要選擇一、兩項，每次練習三十七天。等完成第一項之後，再回到這本書進行更多挑戰。

我的家人，我曾把這本書交託到你們手中，你們對它的關照無人能及，所以我一直習慣認為這本書屬於你們。我為此受苦，不只在你們手中的書裡，也在有你們名字的所有書裡。

　　奧地利詩人萊納・瑪利亞・里爾克（Rainer Maria Rilke, 1875-1926）

第一部

活在你的故事中

我們占據自身軀殼，卻不珍重自己。
無法看見當下。
此刻是神聖的，
一旦失去
其價值無可取代。
——喬薏絲・歐慈（Joyce Carol Oates），當代美國作家

起初數次，
失去記憶的感覺很嚇人，
震驚、徘徊
生命出現戲劇性的變化
那時，我不知道
自己屬於哪個地方
感覺就像海浪
翻騰湧向沙灘上的你
但隨著時間流逝
每次的失去記憶變得逐漸沉默
甚至變成視而不見、聽而不聞
正如住在鐵軌旁
卻聽不見火車的轟隆響
直到有一天
朋友問起
「你多久失去記憶一次？」
我費力回想
才了解
唯有相較於明白自己置身何處的狀態，
失去記憶才具有意義。
我的生命裡已沒有明白自己置身何處的前提
它早已溜出我的生活
靜悄悄如白煙冒出囪管
現在，我住在一個無根的地方
在這個地方失去記憶也無妨
現在，只有在需要的時候
我才會去察覺我在什麼地方
沒有驚慌、沒有恐懼
只是無意識地查看一下
就像對著後照鏡瞥一眼。

——大衛‧哈利斯（David Hollies），《失物招領》（*Lost and Found*）

第一章

寫下來，才記得

每個人的回憶都是一部私人文學作品。
——赫胥黎（Aldous Huxley），英國作家

《失物招領》這首揭開本章的詩作，是由一位年屆五十開始喪失記憶的人所寫。作者大衛・哈利斯在這首的序言寫道：「我一定是在去年某個時候寫了這首詩，後來在書桌上發現。這又是一則關於我癡呆過程的書寫記錄。」

我一定是在去年某個時候寫了這首詩，後來在書桌上發現。短短二十多個字道盡一切。哈利斯先生彷彿雙腳跨越在深淵峽谷上，介於知曉與不知曉、認得與訝異、身為自己與旁觀自己之間的處境。如他所寫道：「唯有跟知曉自己身於何地的狀態相對比，恍神才具有意義。」

「最近這七年來，」哈利斯先生曾寫了一封電子郵件給我，「我一再地重新發現自己，因為在這幾年內，莫名的神經失調破壞了我成就豐碩、人脈充實的生命面貌，我甚至難以想像自己會走到今日這般地步。」

我的家族有阿茲海默症的遺傳，我親身體會過那種記憶力遭破壞的過程。正因如此，我迫切地想把一切寫下來，好讓自己記得。我們都需

要以某種方式來訴說我們的生命故事，以便記住，好從中學習，並留給後人借鏡。

　　我的西西姨媽是個驕傲的女人，永遠衣著光鮮、頭髮服整，右手那顆華麗的金銀巨戒上聳立著一顆絕美的珊瑚，在我看來她就像王宮皇族般貴氣逼人。她是我媽的姊姊，比我媽大七歲，由於母親早逝，她以長姊如母的身分扶養我媽長大。

　　由於丈夫開家具行，她會訂閱居家裝潢領導雜誌《美侖家居》（House Beautiful），以小鎮裝潢設計師的姿態打點展示空間的每個小細節，勢必做到盡善盡美：玻璃窗下的大蠟燭要有滿滿的塑膠水果糖來陪襯，燈光點點的田園造景恰好與沙發長度一致。高級家具大廠 Henredon 和 Drexel 為了獎勵他們夫婦業績頂尖，招待他們在聖誕節到世界各地旅遊數十次，而我也因此得以驚奇地收到西西姨媽旅行中的戰利珍品，包括夏威夷草裙和塑膠花環、身穿精細刺繡絲綢的中國娃娃、充滿異國風味的野生動物雕刻品，開啟了我對外在世界的初步認識。

　　西西姨媽罹患阿茲海默症時，她驚恐地、千方百計想要維持原來的高貴形象。就是這種心理狀態——清楚知道自己正墜入此病——讓我震懾、驚嚇又害怕。在她無可挽回地完全退縮到自己的世界的前幾年，我去拜訪過她。我在她的小廚房裡，被幾十張的日曆團團圍住。通往地下室的門上、冰箱上、水槽上方的彩繪櫥櫃上，全都有日曆，貼滿每個物體表面的空白處，從彩色插圖大月曆，到保險業務員贈送的日撕型小日曆。

　　在每個日曆上，消逝的日子都被劃上深黑的線條。這些狂亂的記號，重重的「X」劃在一格一格的日子裡，呈現的是一個拼命想弄清楚自己身處哪一天的女人，畫下獨特卻恐懼的筆跡。這個女人知道自己沒能力分辨，也沒能力牢記，所以她想辦法要追蹤日

> 在某種程度上，我們若能記住且重述自己的故事，我們就是在創造新的故事，成為我們自己生命的作者和主宰。
> ——山姆・基恩（Sam Keen），美國名作家

子，以便知曉時間，假裝自己知道，也說服自己和別人以為她腦袋清楚，好給自己留面子。但其實她不知道了。一轉身，沒了日曆，她就忘了今夕是何夕，於是她設法讓自己置身的每個角落都有日曆，以便得著安慰保證。最能幫助她的人走了，丈夫的阿茲海默症使得她的寬厚甜蜜變得惡毒，從那時起，她就和我爸一樣，被帶到「秋日老人養護之家」，與芝麻街的艾摩娃娃玩耍度過餘生。

我和母親每天都帶著《摩根敦新聞前鋒報》（*Morganton News Herald*）去探望她，相信若她能透過報紙得知外界訊息，多少會有幫助。但後來我們發現報

> 要成為一個人，就要有故事可訴說。
> ──伊莎・丹尼蓀（Isak Dinesen），丹麥女作家

紙原封不動地收疊在屋內各角落，而在她的床邊也有一份。原來她每一天、每個禮拜、每個月讀同一份報紙，重複地讀上幾十遍。另外，在我們還沒趁著她睡覺把車子電池拔掉之前，她每天會慢慢開車到三個街口外，去她光顧了幾十年的 Winn-Dixie 超市購買 Hellman 牌的美乃滋醬和牙籤。在櫃臺幫客戶裝袋的少年注意到她不對勁，便開著超市的車如簇擁女王般地送她回家，最後終於回到有著玫瑰花叢和處處是日曆的家。

她的臥房裡滿滿都是便利貼，有幾百張，許多寫的是相同內容。光是電話上就鬆鬆垮垮地貼了二十三張一吋見方的黃色便利貼，上面寫的是我媽和美容師的電話號碼。當她開始穿著鬆緊帶的運動褲，甚至不再做頭髮時，我們知道她已經戰敗投降了。

有個週末，我的大女兒艾瑪去探望我媽和我繼父，他們帶她去找甜蜜兮兮姨婆──艾瑪總是這麼稱呼她。那次他們才發現西西永遠離開了。她坐在客廳一張椅背直立的椅子上，一副端莊傲慢的模樣，但他們很快就發覺她已經坐在那裡好幾天，連廁所都去不了。電話雖然就在旁邊，她卻沒辦法打電話求助，因為這具電話上面沒有便利貼。他們進屋時她好開心，做出平常迎接訪客時慣有的動作，用一隻布滿老人斑且顫抖的手迅速摸摸頭髮，彷彿要調整好捲翹度。大家小心地把她抬離椅

子，謹慎地梳理好她的頭髮，然後送進救護車；之後六年她都沒再踏進自己的家。她的客廳有著搭配完美的成套家具，還有裝飾燭臺、銀錫收藏品，院子裡有上百叢玫瑰。這種衰老的方式好悲慘，頭髮沒辦法梳整齊，什麼都忘記，而且還死不了。被安置在秋日老人安養所之後，她甚至忘記怎麼咀嚼。

　　就像西西，就像大衛・哈利斯，**我們都很可能失去我們的人生故事**。我書寫，為了記住，這種策略就跟成堆的日曆、一排排的便利貼沒兩樣。而這種策略也是為了學習，為了決定我們是誰，是什麼樣的人，以及渴望成為何種人。

　　不久前有天清晨，從我頭上傳來憂愁的聲音。「媽媽？」「媽媽！」「媽媽！」我伸手拿取那副可看近看遠的奇妙雙對焦眼鏡，看看時鐘，清晨五點五十六分。

　　「媽媽？」四歲大的泰絲喊我。她躺在我的床墊上，雙眼從床墊上方一呎的水平位置望向我。直到，喔，很最近，我都還會躺在這張床墊上，做著甜美的白日夢，想像我有一間小茅屋，可以待在裡面寫南方哥德文學風的小說，然後烘焙甜瓜杯子蛋糕，在上面撒著白巧克力碎片、豆蔻奶油和碎薄荷片。

　　「怎麼啦，小寶貝？」我回應她，一時忘了身在何處，但絕對不在那間可以寫南方哥德風小說和聞到碎薄荷片氣味的小茅屋裡。

　　「媽媽？媽媽？你是用什麼做成的？」

　　天哪，我通常至少需要有一杯產於自由貿易地區的咖啡豆所煮出來的濃烈黑咖啡，和一塊有機司康餅，才有辦法討論這種關於存在的本質問題。

　　在哲學裡，本質（quiddity）是指本體，或者「本性」、「某物的『屬性』。」這個詞來自中世紀的拉丁字 *quidditas*，「實質要素」，源於 *quid*，「什麼」之意。本質這個字描述的是某特定物質——比如人——和其他同類物質所共有的屬性。重複寫數遍後，你會發現它不像原來的字。這些就是我在清晨五點五十六分針對她的問題所產生的思緒。

我撐起一隻手肘望向她，說：「泰絲，妳還記得我坐飛機出差時，把妳放在哪裡嗎？」

「妳把我放在妳心裡。」她指著我的胸口，笑著回答。

「那妳把我放在哪裡呢？」我問她。

「永遠都放在心裡啊。」她指著自己的胸部。

「放在心裡的所有東西，」我說：「就是做成妳的東西喔。」

我牽著她的手下樓。「嗨，世界好。」我們經過樓梯平臺的窗戶時，她朝外打招呼。

「待會兒到廚房後，我們用那只老咖啡壺煮一大壺好喝的熱咖啡，」我說：「好不好？」

這是我們自己的故事，也是我們將彼此放在心上的故事。而我們就是由這些故事所構成的。

有人問：「你是誰？」答案是：「我就是我自己的故事。」
——莫馬迪（M Scott Momaday），美國原住民作家

第二章

從「I」（我）開始

一個人內在狀態若不先產生革命，就不可能有外在事物的革命。

無論你渴望什麼改變......都得先從心改變。

——改寫自《易經第四十九·革卦》

　　我最近回顧過去三年的書寫生涯，感覺就像坐在波音七七七逃生口的靠窗座位往地面望，忽然看見不同的色彩、線條和大地紋理，驀然瞭悟在地面上無法體會出的意義。突然間，塔狀穀倉成了星球體，化為翁綠麥田的驚歎號，湖泊成了倒映飛機影子的明鏡。這些故事本身都有某種內在邏輯，可以串連一起，說明為何彼此之間有相似性。

　　或許某些生活模式不停出現是因為我們一直沒看見。就像電影《今天暫時停止》（Groundhog Day）裡飾演主角的比爾·莫瑞（Bill Murray），我們全都扮演著尋找土撥鼠菲爾（Punxsutawney Phil）的氣象播報員，日復一日聽著報時收音機裡播報員的聲音醒來。或者，我們可以不必跟主角一樣，等到做對之後才停止犯錯，而是可以打破固定模式，讓嶄新的世界出現眼前。或許我們可以找到方法跳出模式，而非持續地重複模式。

　　羅馬政治家西尼卡（Seneca）說：「跟著規範走，路程遙迢；跟著

模式走，路程縮短。」既然這樣，我決定開始跟著模式走，結果令我訝異，但也在我的預料中。想活出更有意義的生活，想更熱情地存在於當下，我該做些什麼？我發現更充實豐富的人生有六個要素，這些要素的英文字母剛好都是以 I 來開頭，正如所有的改變也源自於 I，Individual（個人），這六種要素剛好搭配六種簡單的練習：

強度（Intensity）：大聲說 yes

融合（Inclusion）：要慷慨

正直（Integrity）：發表意見

親密（Intimacy）：多愛一些

直覺（Intuition）：信任自己

專心（Intention）：放慢腳步

> 打破模式，新世界展現眼前。
> ——圖利・庫佛柏格（Tuli Kupferberg，美國現代詩人）

這六要素也呈現出另一種共通模式。它們不但是以英文字母 I 起頭，後面接的都剛好是字母 n：In。許多字的前兩個字母也都是 in，例如 involved（參與）、inhabiting（存在於）、intense（熱情）、integrated（完整）。下一章我會更詳細討論這六種練習，現在首要之務是了解 I（我，也就是你）對每個練習具有的重要性。

怎樣才能充實地活出你的人生？最要緊的是了解 I（我，也就是你）的重要性。重點不在於別人，不在於驚天動地改變世界，甚至也不是成就什麼偉大的事，而是做一些能給你活力、能帶給你歡喜，幫助你的日子活出精彩故事的一些小事，然後才延伸出你的影響力，使世界和旁人產生改變。要活得充實豐富，你必須盡可能以最大的方式來呈現自己。

重點在於我而非他們

以他們來作為主詞，真的很吸引人。如果他們能讓我這麼做，如果他們看見我的價值，如果他們不再對我期望這麼多（或者這麼少）。

夠了。

正如大衛・貝爾司（David Bayles）和泰德・歐藍德（Ted Orland）在其著作《藝術和恐懼》（*Art and Fear*）裡所言：「美國的革命不是在英王補助金的資助下才得以成功。」補助這場起義絕對不符合英王喬治三世的利益。偉大的變革不會發生在這種狀況下：將案子呈給國王，相信他會頓時「了解」我們的苦心。或者，將想法說給陛下聽，以為他會主動給予我們想要或者需要的。這種事情不可能發生。補助金、批准、變革，不管你怎麼稱呼，這些事情就是不會發生在我們坐著等待，或者請求別人正式認可時。

美國民權運動領袖馬丁・路德・金恩（Mrtin Luther King Jr.）並沒有等到補助金才從阿拉巴馬州的賽爾瑪市（Selma）開始遊行。拒絕在公車上讓位給白人的黑人人權女鬥士羅莎・派克（Rosa Parks）如果想等到兩黨特別小組召開會議討論公車座位的議題，或者等著政府撥出研究經費來執行跨年度的種族議題調查研究，她和許多黑人很可能還站在站牌等待，永遠都上不了公車。**偉大的變革不會有官方背書認可。**從來沒有過。藝術家高更、畢卡索、梵谷和烏切洛（Uccello）（以及那些很可惜不知名的革命女藝術家）都改變了藝術的面貌，但他們也都曾遭受取笑。變革永遠都發生在邊緣位置，不受主流認可。

個人的變革也和社會性的變革一樣。

多年前有個致力於職場多元性的組織，請我幫忙找出職場裡的錯誤現象，並界定出員工遭遇到什麼樣的多元性議題。

我認真地執行這項任務，結果發現大家都有苦水要吐。有時他們面臨的問題與多元化直接相關——遭遇阻礙，無法在職場上出人頭地，或者受到貶抑、壓制與漠視。

有時候還會聽見攻訐上司的惡毒話語，三不五時可以聽到這種以「他們」來開頭的話：他們沒有看見我的價值；他們認為我們可有可無；他們不讓我們舉辦假日派對；他們輕蔑地稱呼我們「小鬼」；他們惹麻煩要我們收拾；他們要我們加班，自己的午餐卻吃上三小時；他們對待副總裁的態度完全不一樣；他們找親朋好友而非最適任的人來填補

職缺；他們不聽我們說話；他們占據角落的大辦公室，卻給我們狹窄的辦公隔間；他們給自己大幅加薪，我們卻什麼都沒有；他們說謊做表面工夫。怨恨一波波，抱怨一句句。

還有許多人提到椅子的問題。

組織裡不同層級的人有不同的配備。行政助理的辦公隔間是六呎見方，高度三十四吋（他們很清楚知道標準規格）。計畫助理的稍大一些，六呎乘八呎，高度五十四吋。經理的辦公隔間則是八呎見方，高度七十二吋，加上一把訪客專用椅。總監擁有經理級的配備，外加一只時鐘。副總裁則擁有窗景的私人辦公室等等，當然包含有扶手的訪客椅。這些椅子就是壓倒駱駝的最後一根稻草。

這些扶手椅具體象徵著更嚴重但看不見的漠視，以及更深的鄙夷，它們是冰山底下的東西。重點不在於椅子，而在椅子所代表的意義。

職場裡流傳各種尖酸刻薄的話，咒罵上層沒有領導力，咒罵雞犬升天的都是得寵的廢物。

「嗯，」聽到這種話時我會難過地微弱說：「你能想出什麼方法脫離這個鬼地獄嗎？」我當然不會用這種詞彙，不過意思差不多。

「他們得做點什麼改變。」我會聽到這種答案。「他們必須有所改善」、「他們必須改變雇用、拔擢和獎勵的方式，好讓員工覺得受到重視，讓員工有參與感。」

他們需要這麼做。

他們必須這麼做。

但我想到：我們放棄自己的權力，交給那些一開始奪走我們權力的人。

為什麼我不主動參與我的生活？我把生活的權力交到誰的手中？為什麼我只會坐著等別人同意？為什麼我要讓別人以辦公隔間的高度來衡量我的價值？我會怎麼陳述我的故事？我開始相信**他們會**以何種方式來陳述我的故事？活在他們對我所描述的陰影下，代表什麼意思？

別再說**他們**了。

對，我們必須在制度下工作，必須在以辦公隔間大小來表現賞識程度的組織裡生存。毫無疑問，工作必須完成。的確，有時我們就是沒權力去改變，但許多時候，我們不能被動等待製造混亂的組織自動修正問題，我們不能等著情況變好才開始改變。這樣會耗時甚久，況且也不符合他們的利益。他們坐在扶手椅上，從那位置所看到的一切都很美好。王冠正好適合他們。

　　我們不能放棄自己的權力，把它交給那些一開始奪走我們權力的人。如果椅子扶手對你很重要，就把你的椅子裝上扶手，需要的話用強力膠黏牢。找出你能做的改變，並且去做，這樣你就擁有革命的本錢。

　　從**我**開始吧。

> 幸福不是唾手可得的東西，必須行動才能爭取。
> ——達賴喇嘛（The Dalai Lama）

第二部

活得有意義的六個練習

透過關照事物的方式，我們每個人都選擇了自己想居住的宇宙。
　　——威廉・詹姆士（William James），美國哲學家

我問上帝，我可不可以歇斯底里？
她說可以
我問她是否可以粗暴無禮
她說當然行。
我問她是否可以擦指甲油？
她說，親愛的
有時她會這麼叫我
她說，你想做什麼就能做什麼
我說，上帝謝謝妳
那麼我寫信時可以不分段落嗎？
香甜的上帝說
你怎麼還要問
我不是告訴過你
可以，可以，可以啊

——凱琳・哈特（Kaylin Haught），
〈上帝說可以〉（God Says Yes to Me），
選自詩集《掌心》（*The Palm of Your Hand*）（1995）

第三章

強度：大聲說 yes

我們人生的任務，就是要認真肯定生命中真正要緊的事物。
——娜妲莉・高柏（Natalie Goldberg），美國當代女作家

　　二〇〇七年八月二十八日，一位名叫泰絲、身高一百公分、走過之處如龍捲風掃過的小人，照例將 500cc 玻璃杯裡的東西灑在地板後，我第五十九次清理灑在同一塊地板上的 Cheerios 早餐穀物片。就在這時，我不經意從窗戶望向後院。我的手撐著後背，整個身子挺直，看見橘色和黃色的百合花、快樂綻放的百日菊，以及泰絲的鮮豔鞋子、鞦韆架和露臺上的紅色小塑膠椅——這些東西沐浴在完美的光線下，而那種光線就像西班牙海港卡帝斯的好命人經常享受的柔黃暖陽。我忽然全身悸動：我擁有所需的一切，再也不需要其他東西了。

　　我不需要購買具有抗熱旋鈕以及自動斷電系統的鐵氟龍心型鬆餅機，也不需要買蒸籠、蘋果去心器，電熱式麵包保溫器。我不需要原子投影鐘以悅耳的聲音循循喚醒我，不需要能層層相疊的義大利圓凳，或者看起來像活動雕塑品的疊式洗衣烘乾機。不需要筆挺的上班族套裝搭配尖頭的鞋子，也不需要新車（不過老實說，若有人想送我，那麼藍綠色或藍色或橘色的福斯金龜敞篷車倒是不錯的選擇）。家裡的狗兒也不

需要黃色小雨衣。我不需要再列出「所需物品」的清單，因為我已經夠了，我很快樂，一勞永逸地避開了物質主義。

好吧，我知道會有把持不住的時刻——那款 iPhone 看起來好棒，崔西·查普曼出新專輯，還有我想要支持那個在市中心製作道地手工涼鞋的好人保羅。可是，你懂我的意思。

> 當你全神專注於任何事情，即使只是一片小草，那畫面本身就是一個神祕、精彩、難以形容的美妙世界。
> ——亨利·米勒（Henry Miller，美國知名作家）

看見小女孩丟在草地上的鞋子，附近還躺著一隻襪子，另一隻則不知去向，那鮮豔的顏色點綴在盛開花叢間，還有藍藍的天空，我就感到心滿意足。即使這個學步兒成天尖叫，老是把糖漿灑在地板上，有此人生，足矣。我感到充實、滿足、完整、投入。

我全然專注在那一刻，我對我的生命大聲肯定——我生命裡的所有事物，包括陽光下的百日菊，以及地板上的糖漿。

什麼阻礙我們全心專注？我認為是我們帶在身邊的那些東西。

我在帶領工作坊時會要求學員四處移動，起身玩耍。我發現妨礙他們全心投入的最大障礙不是心理的抗拒，而是身邊的東西。他們**願意**移動，但要帶著公事包嗎？還有小碟子要不要帶走呢？那小碟子上有塊黏呼呼的小糕點，還有一塊鳳梨在上面。黃色便條簿和那枝筆呢？這可是他們投宿於明尼阿波利斯市的 Graves 601 旅館時一併帶走的紀念品。報紙呢，移動時要不要順便拿著？還有隨身攜帶，好讓自己看起來夠雅痞的時尚文化雜誌《Blink》呢？應該帶著它從一個座位換到另一個座位嗎？最後會不會回到原位？會有人偷走他們的東西嗎？

妨礙我們全心投入，使我們無法大聲說 yes 的就是這些**東西**。對物品的關注和依戀使我們無法輕鬆移動，無法享受樂趣和愜意，使我們喪失直接投入的能力。**我們珍愛我們的東西，但也同時被它們束縛**，以致於無法自在地遊走於世界，時時害怕離開，害怕失去咖啡杯，害怕失去那個約 A4 大小，右下角還有我們名字第一個燙金字母的假皮文件夾。

不，我們會說，我們和這些假東西留在原位就好。物品拉開我們跟自己、跟別人、跟生命的距離。物品讓我們無法直率肯定。雖然其他人也會阻礙我們，但別忘記自己。阻礙我們說 yes 的人最是我們自己。

熱情參與，說 yes，跳更多舞。

在車裡跳舞

無論跳不跳舞，我們都是傻子，那乾脆跳舞吧。──日本諺語

上週三開車進城時，我思索著社會認知（social cognition）和構成主義（Constructivism）的認識論問題，榮格心理學超驗作用（transcendent function）中的價值起源，和康德的「直言命令」（categorical imperative）。

嗯，好吧，或許當我停在蒙特福街和海伍街交叉口的紅燈時，真正浮現我腦海的是電影《神鬼奇航》裡男星強尼·戴普的表情。忽然，前方車內閃過的動靜把我從我快樂出航的「黑珍珠號鬼盜船」（Black Pearl）給拉回現實。

在陽光點點灑落的車子裡，有個女人的身形正精力充沛地左右搖擺，動作之大使得她那輛褪色的 Chevette 跟著她晃來晃去。我從她的後照鏡瞥見一張大臉，嘴巴張得開開，大聲唱著歌，彷彿她正置身戲院舞臺，樂到無法控制，讓人想不注意她都難。

她的舞姿是真正的扭身搖擺，不是難以察覺的腳尖打拍或者擺頭聳肩等一些收斂性的合宜動作，而是狂野地傳達她的感受，展現出與音符合而為一的悸動。

她粗壯的手臂揮舞，手指箕張，像成捆的麥子向外抖散，接著手指舉高又落下，像雨絲滴滴灑落。她雙手伸向後照鏡，又往回拉，像個人型雨刷，應和著只有她聽得見的音樂節奏，肩膀往右聳高，停在半空，然後往左落下，成了雲霄飛車，在最頂峰處稍作停留，接著墜落、墜落，然後雙手又伸高、伸高，就在這時我看見了。

在這女人的雙手高舉到天堂，也就是車頂最高處時，我看見隨她動作的另一雙手。那雙手的小指尖從她身後的嬰兒車裡舉高，完美地配合母親的動作，就像葛蕾蒂絲奈特與種子合唱團（Gladys Knight & The Pips）天衣無縫的男女和聲。紅燈變綠燈時，大手放下，左手放在方向盤上，右手伸往右邊，後方有另一隻小手跟著應和。我跟在她們後頭，看著她們唱歌、跳舞，持續好幾哩路。

看著這段汽車探戈，我感傷地想起當年穿著褐色休閒西裝，帶我去參加中學舞會的葛雷格‧亞歷山大。那次我一支舞都沒跳。為什麼？還有，為什麼沒人在車裡跳舞？因為我們沒信心？因為別人可能笑我們？因為我們太肥？因為我們沒有節奏感？因為我們看起來不酷？

我的大女兒艾瑪是個正處於過度敏感期的少女，時時刻刻都能覺得丟臉（尤其跟父母有關），不管發生多小的事。「別搔鼻子！」最近在書店 Malaprop's Bookstore 裡她低聲這麼告誡我。「別亂扭！」她爸威脅要在她的樂團演奏會上模仿電影《週末夜狂熱》裡約翰屈伏塔扭腰擺臀跳舞，於是她警告她爸。有艾瑪在，我們連呼吸都要很小心。

而她的四歲妹妹則處於截然不同的人生階段，在這階段裡，她完全

【 下次生氣時，就舞出你的憤怒
——甜豆泰勒（Sweetpea Ty-ler）】

無法想像姊姊的防衛心。「嗨！」泰絲會大聲跟陌生人打招呼，踩著艷紅的運動鞋跑過去，以肥肥短短的兩隻小手指比出和平手勢。「嗨！嗨！嗨！和平唷！」她會跳舞、旋轉，哈哈大笑出聲，失控大哭，吃蛋糕時不用雙手、直接埋頭吃，在雜貨店叫起來唱「王老先生有塊地」的「伊呀伊呀唷」——這是她最擅長的把戲。她還不知道要去在乎別人的想法。我們都應該這麼天真才對，正如美國傳奇歌曲創作者伍迪‧古蘇黎（Woody Guthrie）所言：「我不想見到孩子長大成人，但我想見到成人更像小孩。」

然而，當成人表現得像孩子時，會發生什麼事？我們會對這些成人說三道四、取笑他們、遠離他們、避開他們、對他們的私人生活存疑，

尋找他們身上是否有毒品針孔的痕跡。

> 聽不見音樂的人，會認為跳舞的人很瘋狂。
> ——安琪拉‧莫內特（Angela Monet）

有一次我搭飛機去達拉斯，前方座位的小男孩站起來轉身，整趟旅程一直盯著我，以學步兒那種目不轉睛的方式大剌剌地看我。好可愛呀！我心想，但同時我也想到若他是個中年父親，我大概會忙著找空服員呼叫鈴，希望機上的便衣武警拿小電擊槍將他押出去。

這些現象不知從何時開始：拉扯衣服以確定衣服蓋住屁股，還有，停止跳舞？

我愈來愈相信我們之所以失去一些自然舉動，是因為我們開始論斷而非因為懂得克制。在某種程度上，當我想去論斷別人，我自己就會先被論斷。如果我能停止論斷他人，我就能免於被論斷，然後就可以盡情跳舞！中學那場舞會之後三十年，我才體悟出這個道理。

男星強尼‧戴普說過的一句話正好可以總結我的這項體悟：「如果我的作品想傳達什麼訊息，歸根究底應該是：我們都可以與眾不同，與眾不同是好事，所以在批評那些看起來與眾不同、行為與眾不同、言談與眾不同、膚色與眾不同的人之前，我們應該先質問自己。」或許這句話應該包括「舞跳得與眾不同」的人。

> 看自己跳舞，就是在傾聽我們的心。
> ——美國霍皮族印第安人（Hopi）諺語

三十七天：即知即行的挑戰

　　幾年前在華府的康乃迪克大道上，我看見有個男人的穿著令人不敢恭維，他身材粗壯卻裸露太多肌膚，而且衣服顏色很不對勁。我不自主地開始惡意批評，但隨即停止，驀然頓悟出一個大道理：如果我想自由自在地行走於這個世界，不在乎別人的眼光，我就不能參與這種「側目而視」的行為，因為這種行為會引發互相論斷的循環。想不被別人論斷，就要先停止論斷別人，然後，你就能在車裡恣意高歌。

行動：

馬克·吐溫說：「我的座右銘就是：起身跳舞，奔放歡笑，不論是否有舞可跳，是否有歡笑可奔放。」現在，就讓我們來探索一下歡樂。

- 放點音樂，像五歲孩子般開懷地舞個兩分鐘。

- 拿出記事本，提筆回答這個問題：什麼讓我歡笑？（不要停頓，不要讓筆離開紙張，也別檢查文法、錯字，或者做出任何會阻礙思緒的事。）

- 三分鐘後讀讀你所寫的東西。

- 再利用三分鐘，描述最能呈現出歡樂感覺的舞。盡可能具體地描述那種舞。對你來說，怎樣的舉手投足最能表達那種歡樂？

最後利用兩分鐘回答這個問題：什麼阻礙我們如此跳舞？

帶著一顆小葡萄

玄之又玄，眾妙之門──老子

　　當我的大女兒還是個肌膚吹彈可破、鬈髮縷縷蓬鬆的小女孩時，我告訴我的朋友凱和蘿絲瑪麗，我好愛好愛她，愛到有時會幻想把她吃下肚，真的。

　　果不其然，她們聽到我的吃人念頭後，連眼都不眨，毫不遲疑地說：「喔，親愛的，好，我完全懂。對了，我們戴上帽子，去花園坐坐，吃點巧克力冰淇淋吧。」

　　（說句題外話，在這個世界，你真的需要有一、兩個像他們這樣的朋友。我想，我可以稱他們兩個為朋友，因為我知道若我告訴他們，我上個禮拜在道奇堡市搶了二十三家銀行，挾持幾十位製造巧克力糖的羅馬尼亞人當人質，逼使奶油製造業產生革命，而且我的真正身分是著名美式足球選手強尼・尤尼塔斯〔Jonny Unitas〕的愛女，他們大概也會問我要不要再來點手工薰衣草冰淇淋。）

　　而現在，在我表現出吃人傾向的十五年後，這種念頭又回來了。這次我的對象是小女兒泰絲。為什麼孩子會讓我這麼難以抗拒？可能是因為我太著迷於他們小小生命的存活狀態──開放、純真、真實、直接了

當、誠實坦白。

最近這兩星期，擁有學步兒自我意識的泰絲堅持隨身攜帶著某個小東西，無論走到哪裡都要帶著它。睡覺時把它放在枕頭下，外出時也一併攜帶，還會把它當朋友、寵物或幸運符放在鞦韆上，一起盪鞦韆。早上醒來第一個要找的東西就是它，最後道晚安的對象也是它。我推著她散步時，在娃娃車裡陪著的也是它。她洗澡時必須把它在浴缸旁的架子上。它成了她隨時隨地的友伴。**它是她的護身符，她的幸運物，讓她穩定的根基。**它是一只塑膠袋，但裡頭沒有毛茸茸的可愛填充動物玩具，也沒有她最愛的小毯子或首飾，而是兩塊漢普頓旅館的肥皂。

一塊是扁扁的長方形，另一塊是圓形，每塊的邊角都被泰絲摸得光滑圓潤。有時她會恍神地撫摸它們，比如我們開車去超市賣場時。有時她會全神專注看著它們，跟它們玩耍並說話，比如當她把它們放在 Brio 出產的小火車軌道上。她的固定玩伴除了那兩塊肥皂，還有她的葡萄。

上個月泰絲和我吃葡萄當點心（那種無子、有機、昂貴的紅葡萄），她在成串葡萄裡發現一顆超級小的畸形小葡萄，開心得不得了（還樂到尖叫）。「看～～！」她大喊，光著身子在屋裡跑來跑去，將迷你小葡萄舉得高高。「看～～！哇，是一顆小小小葡萄！」她以高亢的童聲說道，側頭微笑，肩膀聳得高高，脖子都不見了。「是不是很可愛～～？」她問我，兩根小手指輕輕拿著，舉到離我鼻尖一吋的地方，「很容易壞喔。」

就跟肥皂一樣，她也隨身攜帶那顆葡萄，甚至取下吹泡泡用泡泡瓶塑膠蓋，在空瓶子裡放入衛生紙，替小葡萄鋪了一張床，輕輕地將葡萄放入裡面。之後幾個禮拜，那顆原本就很小的迷你葡萄縮得更小，現在小到得用顯微鏡看，但仍然待在小瓶子裡。她活在這個用完即丟的世界裡，以罕見的忠誠度不厭其煩地把它從一個房間恭敬地移到另一個房間。

如果能從一朵花裡看見奇蹟，我們整個生命就會改變。——佛陀

泰絲也喜歡小盒子。她把她的「錢」裝在旅館浴帽盒裡，隨身攜帶，不管走到屋子哪裡，都會拿出浴帽盒裡的一角、一分和五分硬幣，反覆數著，然後又放回盒裡。次數頻繁到盒蓋因不停開闔而磨損。

　　她真的很著迷於一些小東西，或許所有的孩童都這樣。他們在自己的世界裡找到他們的肥嘟小手能握住的東西，讓這些東西帶給他們驚奇和樂趣，並藉由它們創造出無數的世界。我們長大就失去這種能力或專注力了嗎？泰絲的大姊艾瑪——泰絲總是叫她「接接」——小時候就開始收集易碎品。多年後這些東西仍擺放在家裡一個特別的「易碎品專用架」上，這個架子還是她做給自己的呢。上面有小小的瓷娃娃、影集《辛普森家庭》裡的整組法國瓷人偶，體積比指甲還小呢。另外還有水晶豹、小小的玻璃鳥等——全都是精巧細緻、易碎脆弱的珍藏品。

　　艾瑪在泰絲這個年紀時，我們會去麻州的大巴靈頓鎮，跟約翰的祖母娜娜一起過感恩節。不管我們什麼時間抵達，就算是半夜，娜娜都會靜靜地走到前門，端出以四條奶油炸成的波蘭水餃迎接我們。徹頭徹尾是典型新英格蘭人的她，身體寬度就跟高度差不多，個性不廢話、不囉唆，身體勇健，長命百歲。

> 大家通常認為行走於水面或騰空移動是奇蹟，但我認為真正的奇蹟是行於世間。每天我們都身處於奇蹟裡，卻視而不見；藍天、白雲、綠葉、孩童黝黑好奇的眼眸，以及我們自己的兩隻眼，這些都是奇蹟。
> ——一行禪師

　　就跟家有學步兒的每個母親一樣，去到茶几光可鑑人，上面還放有美麗糖果瓷盤的祖母家作客，我的神經好緊繃。

　　在那兒的一個靜謐夜晚，我從娜娜身上學習到重要一課。那晚客廳茶几上一只易碎的糖果碟子，就像女妖歌聲不斷呼喚著艾瑪，她怎樣都無法讓自己那雙肥嫩小手離開它。我不停把碟子拿開不讓她碰，深怕這是什麼傳家寶——從波蘭帶來美國，烙印著祖先生活回憶的紀念品。若艾瑪不小心打破，那可就不妙，所以我將碟子拿開，看著它，提醒艾瑪小心，然後又拿開，又盯著它看，再次提醒她。一遍又一遍。

終於，娜娜不發一語地靠向艾瑪，直接將裝有碟子的小盒子放在她面前，默默地示範給她看：該怎麼慢慢地拿起蓋子，輕輕地放回去。娜娜教導艾瑪尊敬美麗的東西，而非阻止她去碰觸；教她懂得怎麼駕馭易碎品，而非認定她沒能力接觸。娜娜知道最該被珍視的不是瓷盒，而是寶貝曾孫女。這寂靜的一刻真美好，給我這位新手媽媽上了重要一課，也讓所有人學到很多。

> 智慧就從驚奇開始。
> ——蘇格拉底

幾年後，我們帶艾瑪去參加她第一次的拍賣會。約翰想競標某個很重要的東西，艾瑪也對這場拍賣會深感興趣，我看得出她十歲的心靈翻湧出各種可能性。在她爸爸研究各項拍賣品時，艾瑪也跟著湊上去。她的視線落在一個紙盒上，裡面有各式各樣的陶瓷品——很適合放在易碎品專用架上的易碎品！這些東西都好美！**有迷你小水壺和塗著金漆的小蛋。**她被它們的美給迷住，一心只想著擁有這些珍品，不在乎它們是不起眼的瑣碎小物，引不起別人的興致。她只看見擁有的可能性和喜悅，至高的喜悅。

拍賣開始，約翰標到他想要的東西。接著，我們一直等著艾瑪的盒子被拿出來競標。等了好久，等到人群幾乎散去，那個收納著珍品的小盒子就是沒被拿出來，直到最後，原來它是最後一件拍賣品。英挺高大的拍賣官帶著盒子。艾瑪的聖杯，走到前面。她全身緊繃，氣氛忽然緊張起來。

拍賣官看看盒子裡寒酸的物品，這時助理若有似無地指指站在拍賣室後方的艾瑪。這個小女孩緊張害怕，站了數小時就等著標下這些小東西。拍賣開始。「誰願意出五美元來標下這個珍品？」艾瑪一聽，立刻舉起小手，拍賣官隨即大聲喊道：「**這珍品由在房間後面的可愛小姐以五美元得標！**」她雖然不好意思，但開心得不得了，無比驕傲，而我們夫婦則萬分感謝拍賣官的心照不宣。就連現在，繭居在她的少女王國裡，這些小金蛋仍驕傲地矗立在易碎品專用架上，提醒她當時的驚喜，雖然這驚喜正逐漸消失在她即將到來的成人世界裡。

讓我們跟孩子學習，像他們一樣看得出簡單小東西所蘊藏的可能性：小盒子、漢普敦旅館的一塊肥皂、小葡萄、鑲金的蛋。你有什麼幸運石、護身符，以及陪著你一起走向這個世界的小驚喜嗎？我的小驚喜是丈夫約翰送我的一本銀色小書，裡面有一枚銅製的小砝碼。帶著屬於你的小葡萄，把它保存好，讓它陪伴你，把它放在你的小鞦韆架上，睡覺時放在你的枕頭下。讓它提醒你去發現世界裡的各種驚奇，跟別人分享，包括那些也正要學著珍藏小驚喜的人分享，比如學步兒。

行動：

你的葡萄是什麼？什麼會讓你驚歎？花十分鐘去創作一張小小的拼貼畫、素描或一首詩，讓它小到可以放進你的皮夾裡。用圖案或文字來呈現那些能帶給你喜悅或者在你生命中具深刻意義的東西。或許它只是單純一個詞彙「喜悅」、伴侶或寵物的照片，或是一張票根。將它放入塑膠套中，或者加以護貝，隨身攜帶。

> **進擊：**
>
> 　　接下來三十七天，當你坐在一個為期三天的策略企劃會議，或者在監理所排隊等著釐清保險的小問題，或者在超市的快速結帳櫃臺前排隊，但前面那傢伙的購物籃裡有二十二樣物品時，拿出你的「葡萄」，提醒自己這份驚歎。（對了，要把祖母所饋贈，但平常被你收起來，只在特殊節日專用的瓷盤拿出來使用。活在當下就是特殊節日。）

永遠都要租紅色敞篷車

放開膽子、與眾不同、不切實際，堅持完整的目標，具備想像力的願景，別成為只敢玩安全遊戲的人，或者乏味的生物、平庸的奴隸。
——塞西爾・比頓（Cecil Beaton），著名人像攝影師

一號紅色敞篷車

　　二〇〇二年十月，當揮舞槍枝的狙擊手忙著恐嚇華府時，我和家人就住在那附近。那時我們感覺自己就像在覓食地等著被獵殺的小鹿。我們看著半晌前還過著悠閒卻極為珍貴的日常生活的人，陷入無可挽回的死境，被平凡的美麗存在狀態所背叛，一槍斃命。那時他們可能正在給車子加油，把剛從居家修繕賣場 Home Depot 買到的木材一塊塊放進車子，修剪草坪，提著一罐低脂牛奶走過超市賣場的停車場，或者坐在郵局外的長椅上，手裡還拿著美國著名建築師巴克敏斯特・富勒（Buckminster Fuller）圖案的新郵票，或者站在公車門口準備上車，前往上班地點、橫越繁忙的交叉路口準備回家看孫子——這些場景成了當代世界的動物覓食場。十人喪命，就這麼離開人間。砰、砰、砰。早上出門去買郵票、加油、買醃黃瓜、買《時人》雜誌（People），然後就永遠回

不了家。如此隨機、如此平庸、如此脆弱、如此可怕。

在武裝挾持對峙期間，學校取消下課休息時間，畢竟對孩子來說待在戶外太危險。民眾不再四處走動，只能驚慌地從某個牆壁圍繞的區域衝到另一區。加油區是狙擊手的最愛，因為正在加油的人通常是不會移動的獵殺目標。加油站老闆掛上不透光的深藍色帆布，保護顧客免於變成長程射擊的目標。大家開始多加一點油，邊加油還要邊搖擺或蹦跳，因為根據電視影集《法律與秩序》（Law and Order），之字形移動的目標最難中標。

在瘋狂殺戮的過程中，我們得租車，因為家裡的車剛好有個機油幫浦的小毛病。

我永遠忘不了那天丈夫開著鮮紅敞篷車回家時臉上的興奮表情。「艾瑪一定會很愛。」他興奮地說：「我談了個好價錢呢！」

走著瞧。

狙擊殺手。

紅色敞篷車。

還真是樁好交易啊。

> 一直保有能力看見事物之美的人永遠不會老。
> ——卡夫卡（Franz Kafka）

何不乾脆在我們頭上畫個紅心圓圈，然後一了百了？我真懷疑約翰的腦袋是不是撞到赫茲租車的櫃臺而「秀逗」了。但事實證明他深思熟慮計算過各種變數，了解他的家人不會成為狙擊目標。

被他料中，艾瑪好愛這輛車，而我們也沒被暗殺，甚至還拍了一張瘋狂的照片：艾瑪和她的狗兒小藍像皇室貴族般坐在敞篷車後座，咧出稚氣的大笑臉，她的頭髮和小藍的耳朵迎風飛揚。坐在駕駛座上的約翰則愜意地吹著口哨，曲調是莫札特最後一首作品的最後一段音符，而坐在他身旁的我穿著風衣，戴著寬緣的大帽子，偷偷地四處張望尋找槍管的蹤跡，彷彿以為有殺手會在伊莉莎白街讓我「永遠安息」之前，讓我跟家人度過最後一趟歡樂的車程。

在這種當頭，租敞篷車真的有點離譜。畢竟九一一事件才剛週年，社會仍瀰漫著驚恐和噩夢，學校又緊急停課。但在經歷過這些後，艾瑪

那天卻擁有幾小時的無憂無愁。太神奇了。直到現在她還會提起那輛敞篷車。

第二號紅色敞篷車

幾年前，我和幾個女性朋友決定到新墨西哥州聖塔菲市郊的日式 spa 渡假中心萬波（Ten Thousand Waves）度個長週末。就在我們準備飛去那裡享受有著薰衣草香的男人給我們來場熱烘烘的石頭按摩之際，新墨西哥州等地恰好發生森林大火，新聞報導對這場森林火災深表憂心。我們猶豫是否該按照計畫成行，幸好後來風勢轉向，於是我們自行宣布會平安無事（看來我們八成是美國西南部森林烈火模式和風向的專家）。

我們一抵達陽光普照的阿布奎基市（Albuquerque），那輛閃閃發亮的大紅敞篷車就等著迎接我們。「好怪啊，」我們駛出機場時嘰嘰喳喳說道：「天氣這麼好，其他人怎麼不租敞篷車！」

> 若身上只剩兩毛錢，就用一毛
> 買麵包，另一毛買百合。
> ——中國諺語

我們戴著玉婆伊莉莎白·泰勒的那種超大墨鏡，絲巾隨風飄在身後，瞬間化身成美國飛行英雌愛蜜莉·亞埃爾哈特（Amelia Earhart）或者纖細的舞蹈家伊莎朵拉·鄧肯（Isadora Duncan）。阿布奎基市的居民指著我們，露出微笑，有些還哈哈大笑。「太棒了！」我們興奮得嘰哩呱啦，「我們一定看起來迷人又神祕，就像那些電影明星！搞不好他們還以為我們是女星茱莉亞·羅勃茲和朋友出遊呢——咦，她不就住在這附近嗎？」

我們在新墨西哥州的高速公路和偏僻小路上開車兜風，聊著幻想中的明星生涯和最愛的男主角（當然有強尼·戴普、勞勃·杜瓦Robert Duvall、金·哈克曼 Gene Hackman），渾然不知蔓延的森林大火迫使政府發布「由於有毒微粒過多，勿在戶外呼吸」的紅色警戒，所以基本上整個新墨西哥州的人都不惜代價設法躲在室內。他們微笑不是因為我們在

敞篷車裡很開心,而是因為我們是敞篷車裡的傻瓜。

撇開肺部的傷害不談,若當時我們開的是福特的 Taurus 房車,可能就沒有這段與好姊妹相聚的難忘美好回憶,也沒有我們沐浴在陽光下,但背後山巒覆蓋著灰燼,放眼望去沒半個人影的精彩照片。

第三號紅色敞篷車

二○○四年十二月,我帶著十二歲的大女兒展開驚喜之旅。我們橫越整個美國大陸,到聖地牙哥的海洋世界跟海牛一起過夜。這種直接睡在冰冷硬地板,旁邊玻璃櫥窗就有海牛悠游的營隊,是為了讓孩子和大人能充分了解海牛而舉辦。這些可愛笨重的龐然大物在攝氏二十二度的水裡整夜翻滾嬉戲,我們就「睡」在旁邊的冰冷地板,裹在硬邦邦的尼龍睡袋裡。我有提過那地板很冰、很硬嗎?反正我記得我半睡半醒、翻來覆去,很高興以為起床時間到了,結果就著海牛水世界裡的微弱光線,發現手錶顯示的時間是凌晨一點半。你可以想見我有多失望,長夜漫漫,我全身痠痛地撐到黎明。

我們的飛機降落在聖地牙哥後,母女倆就前往租車櫃臺。途中艾瑪告訴我,她等不及要見見我們紅色的敞篷車!我的心往下沉。為了省錢,我已經預定了一輛很乏味、廉價、硬椅要不太立就是太斜,而且還會散發塑膠味的車。此外,這輛車的手動車窗大概很難搖,也沒有 CD 音響來播放我們的巴布‧馬利。她應該會很失望吧,但我不忍心告訴她。

我們走到赫茲租車公司的櫃臺,服務人員先跟艾瑪聊天,問她我們此行的目的,結果對方很入迷地聽她解釋這是一趟「末路狂花」之旅,只差沒有毒品、性愛、犯罪、死亡和帥哥布萊德‧彼特。服務員說我們看起來像狂野的女人(艾瑪一聽,笑得好害羞),還問要不要租敞篷車,可以給我們同樣價格。顏色呢?猜對了,就是鮮豔的櫻桃紅。我們興高采烈地開上路,還親暱地給車取名魯柏特。

這件事讓我開始相信:腳踏實地、小心翼翼、永遠理性的價值太過

被高估。當然，我應該把這趟海牛之旅的錢省下來給她矯正牙齒、學低音號、念大學，但這樣一來我會犧牲掉什麼？

艾瑪和我會錯過什麼？會錯過塑造生命的精彩故事。

我們都值得享受樂趣，活得精彩，就算被那些沒想像力的人取笑也沒關係。他們活在錯誤的人生假設裡，以為活得小心謹慎，人生就能加分。若我記得沒錯，活得戰戰兢兢跟勇敢恣意的人具有相同的死亡率：都是百分之百必死。

如果促使我寫出這些文章的三十七天就是我僅剩的日子，猜猜死前這個月我會租什麼車？好吧，很可能不是紅色敞篷車，而是蘋果綠的福斯金龜車。理由很簡單，光想到這主意，我就非常、非常快樂。

美妙的人生是一種過程，而非一種狀態，是人生方向而非人生目的。
——卡爾‧羅傑斯（Carl Rogers），人本心理學家

三十七天：即知即行的挑戰

選一個：一輛油耗量極佳，皮椅坐起來會吱吱作響的好車，或者一段風吹過髮絲的難忘回憶？很簡單：生命苦短，我們都得做選擇。每個決定都應該要提高人生旅程的精彩度，而且讓這趟旅程看來美好無比。這樣的選擇不需要花錢，但需要給生活增添藝術和驚喜。永遠都租紅色的敞篷車（敞篷車代表一種很便利的象徵，代表能讓你微笑，能帶給你歡樂的東西）。別只是開著車到達某處，而是要讓旅程精彩難忘。

行動：

「我不想成為我人生裡的乘客」，作家黛安‧艾克曼（Diane Ackerman）說。

- 想像你坐在車裡，開進自家附近的一條街。

- 花五分鐘詳細記錄身為駕駛人的你會看見並注意到的事物，以及駕駛人會做出的決定。

- 停筆，讀讀你所寫的東西。

- 現在想像你在同一輛車裡，駛經同樣的街道，但這次你是乘客。

- 再花五分鐘詳細記錄身為乘客的你在車裡會看見並注意到的事物，以及乘客會做出的決定。

- 讀讀你剛剛寫的東西。

留意駕駛人和乘客的差別。最終是誰決定你往哪裡去？誰看見的東西比較多？思考這些意義……

進擊：

　　接下來三十七天的每一天，都要找出至少一種方法來讓你的生活更富有藝術性。比方說，讓付帳單成為一種藝術練習。每次要寄信或寄帳單時，就在信封上畫圖裝飾或者貼上從雜誌剪下來的圖片，讓它成為藝術品。也可以在帳單裡放入小卡片，上面寫句激勵人的箴言。把家裡的每個人畫成愚蠢滑稽的漫畫人物，下次要寫紙條時就將它當成一種印記來使用。把盤子裡的蔬菜排成同心圓，而別只是疊成一堆。早上用水果排成笑臉。生活就是藝術。

稱讚每面旗幟

點出別人做對所能成就的事，是指出別人錯誤時的十倍。但我們之所以不常點出別人做對了，是因為用石頭打破窗戶比放在窗櫺上有趣得多。
——羅伯特・艾倫（Robert T. Allen，美國昆蟲學家）

艾瑪剛進小學後幾個禮拜的某個下午，我去學校接她放學，然後開車繞到丈夫的書店跟他打聲招呼。我們停車時，約翰跑出來迎接我們，身體探入車窗內，給艾瑪一個吻。

「老妹，今天學校如何啊？」他問。

「今天第一次考試。」她開心地說。（我心想，太棒了，妳整輩子的考試生涯就此揭幕！）

接下來我們問她的第一個問題是什麼？

「考得如何啊？」（對，直接切入重點。）

「我答對了百分之三十的題目！」她驕傲地大聲宣布，淘氣的臉蛋咧出大笑容。而我和約翰的身體語言明顯不過。我們兩人都在想，喔，天哪，她是個笨蛋，永遠升不上二年級，我們得幫她請一輩子的家教，她大概進不了大學……。

我的第一個念頭是告訴她，**妳一定很傷心**，但奇蹟及時出現，我阻止自己這麼說，轉而問她，「那妳覺得如何？」

「我答對了一些題目欸！」她不猶豫地說，對自己的成就很驕傲。

哇！這種看待世界的方式多棒呀。

我不是說我們只要答對百分之三十的題目就好，不過，我們何不停下來，好好頌揚已有的成就？

玩耍的相反不是工作，而是抑鬱。
——布萊恩・蘇頓史密斯（Brian Sutton-Smith），民族學研究者

我想起幾年前，我竟然在一個在下冰雨的天氣和同事去參加「跋涉森林建立團隊意識」的活動。我們在森林裡進行拾荒狩獵的遊戲，必須設法找出幾面橘旗，並學習以下功課：⑴若有效地團結合作，大家就能成功；⑵齊心戮力所達到的成就遠大於單打獨鬥；⑶等等。

　　可是，我並沒學到主辦單位期望的功課，反倒學到六件事：

1. 我不喜歡冰雨，冰雨讓我煩躁不安、全身發癢、冷得半死。

2. 冰雨似乎會讓大家不由自主變得更有攻擊性。

3. 如果你只是告訴我這個活動可以學到那些功課，而不是害我必須受苦受難去領悟它們，那我就會相信你，我保證。

4. 有些人才不管哪些人落後，或者誰摔進泥坑中。

5. 人不會因為長大就不再成為罷凌他人的惡霸，他們只是換個方式來欺負你。

6. 身為人類的我們在森林找到小橘旗時，無法長久慶祝成功的珍貴時刻。

　　每次又找到一面旗，我們小組裡那位自封為領袖的人不僅不會花個十秒鐘稱讚**我們是最聰明、最有天份的凍僵拾荒者！**反而憤怒地咆哮，「我們必須動作加快！你拖累了大家的速度！」這傢伙變態到未來肯定要做心理

> 奉承我，我可能不會相信你。
> 批評我，我可能不會喜歡你。
> 忽視我，我可能不會原諒你。
> 鼓勵我，我絕對不會忘了你。
> 愛我，我可能會不得不愛你。
> ——威廉·亞瑟·華德（William Arthur Ward，美國格言家）

治療，不過當下他確實說出了團體裡許多人的想法——我們必須做得更好、更快。慶祝稱讚會浪費我們達成（甚至是過度達成）目標的寶貴時間。為什麼會這樣？我自忖。為什麼不可以暫時快樂一下，來個團體歡呼，或者小小鼓掌一番？

　　二〇〇二年一月十日，在華府的約翰·伊登小學念四年級的艾瑪，辛苦地埋首作答「畢達哥拉斯定理」的考試。感謝老天爺，只有年輕人要經歷這種地獄。她爸爸最近找出那張試卷，發現上面有六個錯字，這

種事情通常會讓我抓狂。我實在搞不懂，史密斯先生到底為什麼只以一小時十五哩的速度開車？速限不是五十五哩嗎？史密斯太太幹麼不直接叫他提高車速呀？還有，為什麼他只吃五點二五個蘋果？為什麼不乾脆一點，直接吃掉六顆，或者把剩下的零點七五顆給忍耐很久的史密斯太太？還有，誰在乎哪隻鉛筆最尖、誰最快抵達鬧區、誰養最多駱馬、或者火車鐵軌有多長啊？

看著艾瑪在題目旁以鉛筆寫下那些戒慎恐懼的稚嫩筆跡，我的心都碎了。我可以想像未滿十歲的她伏在試卷上，用力咬著指甲，努力搞懂氣溫升高時，蟋蟀會唧唧叫幾聲。尤其那道五分和七分郵票的題目更殘忍，使得艾瑪必須在題目左邊畫上一堆寫有數字的圈圈。五分美元的圈圈旁有七分美元的圈圈，三十分美元旁連著數字三，又連著數字六，最後回到五分美元。那一圈圈像花柱的圖案看得我一團混亂，不止如此，五分和六分的圈圈上還有幾乎看不見的小問號。

三十分鐘後考試時間到，艾瑪只回答了三題。其他問題都空白，包括：一臺大耕耘機一小時內可以犁多少畝的田？一排圖釘、迴紋針、大頭針的九十分之一是多少？當然，那道可怕駭人的郵票題目沒答出來。而在她回答的三道題目中也只答對一題：攝氏二十七度時，蟋蟀可以叫一百零八次。難不成我在童年時知道這個答案，生命會更完整？

總之，在三十分鐘的折磨後，我的寶貝艾瑪只答對一題。

你可以想見她的老師會在試卷最下方以**紅字大大地**寫著什麼評語。

可是並不然，試卷上沒出現我預期的評語：「六題只對一題。」蔻蒂老師寫的是：「很棒，夠努力！」

這兩句話改變了艾瑪拿回試卷時的感受，也讓她下次願意更努力。蔻蒂老師想必看見了她考試時在試卷邊緣費力演算的那些數字，所以決定稱讚那一百零八次的蟋蟀叫聲。這是艾瑪學生時代最愉快的一年。

> 十分之九的教育該是鼓勵。
> ——阿納托・法蘭斯（Anatole France），法國小說家

在我們家，有時民生必需品會用光，比如衛生紙、燈泡、以及 Purely Decadent 牌的石榴豆漿冰淇淋。但一年三百六十五天裡，你在我家隨時都能找到大量的生日蠟燭，以便一時興起想慶祝。順利通過游泳考試？那麼明早的鬆餅上就會有熊熊燃燒的蠟燭。今天要慶祝半歲生日？晚餐後就等著半片蛋糕吧。第一場雪、燈泡節、剪新髮型、閏年？明天早上肯定會有點著蠟燭的杯子蛋糕從你臥房的地上排到餐桌上。五年級的老師可惡到連提都不值得提他的名字，但是你成功熬過那一年，所以，為了慶祝，早餐就在 Cheerios 圈圈餅裡插上蠟燭，如何？學會繫鞋帶？從馬背上摔下後自己爬上去？讀完一千六百頁的書？學會咳嗽時摀住口鼻？隨時都有蠟燭等著你。每一天，就算稀鬆平常也該熱鬧慶祝。把焦點放在正面事物上，為可能的契機和歡喜唱首快樂歌。慢下來、慢慢來、好好鼓勵並慶祝你答對了百分之三十的題目。

行動：

有群很棒的女人聽說我贏得部落客獎，但我說不知道獎品是什麼，搞不好是薯片，結果她們真的做出一個金光閃閃、約一呎高的薯片獎盃來頒發給我。沒錯，這確實是獎勵。湯姆・凱力在他所著的書《創新的藝術》（*The Art of Innovation*）裡提到一些可以巧妙捕捉到人類貢獻精神的獎盃：比如，把一個有超人雕像的小購物推車造型獎盃頒發給連續工作四天，以解決購物網站上購物車問題的工程師。這種獎盃的獎勵方式，的確可以彰顯這些值得稱許的行動。

專注的自由書寫：

- 快速：花三分鐘列出你周遭一些做了小事而值得獎勵的人，並寫下他們曾做過哪些值得獎勵的事。

- 讀讀你所寫的東西。

- 再花三分鐘替他們設計獎盃——獎盃該長得什麼樣？你可以用什麼趣味的方式來充分表達他們對你生命的貢獻？他們讓你的生命變得更古怪或更美好。

最後，再專注地自由書寫三分鐘，列出任何你做過而一值得獎勵的事。別害羞，稱讚你自己。描述你替自己設計獎盃的模樣。

進擊：

　　今天就上超市買五盒生日蠟燭，並盡情地加以運用。每天找個理由點蠟燭慶祝，連續慶祝三十七天。慶祝的不必是大事——小事慶祝起來更有趣，因為這是不預期的驚喜。隨時備有生日蠟燭。我連外出旅行都會攜帶，因為你永遠不知道何時會冒出慶祝的機會，而且，你知道女童軍說，要隨時作好準備。

慶祝吧，於是你會得到更多。
——湯姆・彼得斯（Tom Peters），美國作家

我不值得這個獎，但無論值不值得，我也得到了關節炎。
——傑克・班尼（Jack Benny），美國喜劇演員

戴上粉紅色眼鏡

當你的內在有光，你就能看見外在的光。

——阿娜絲・寧（Anaïs Nin，法裔美籍女作家）

她走路時明顯瘸跛，身體的一側比另一側短——其實身材原本就不修長，還要輪流改變重心才能往前移動。她穿著灰褲和舊毛衣，在簡單基本款衣服上有著碩大鈕扣。她的身體只是用來移動那不簡單頭腦的工具，而她腳下那雙黑色、四方形的矯正鞋，彷彿就是為了證明這一點。

在機場走過的人絕不會注意到她。對他們來說，她只是一個中國老婦，個子嬌小、垂垂老矣、身軀往一側偏斜。當她閱讀時——這是她經常做的事——她會戴上那副一九五〇年代的老花眼鏡，又大又笨重，塑膠黑框的那種。

偶然跟她相遇的人，不會知道她在一九五一年取得頂尖學府麻省理工學院的物理學博士，是中國共產黨中央委員會的第一位女委員，擁有中國著名大學校長的頭銜。

那年我們在全美各地旅行一個月，就我們兩個人。她安靜內斂，但絕頂聰明，有時會露出調皮的笑容。那個月我們一起經歷旅途中的歡樂、延宕，以及投宿處的主人為了讓她賓至如歸而捧出的慘不忍睹中國料理。在旅行的那段日子裡，我們培養出跨越世代、文化的友誼。當時我二十七歲，她年逾七十。

一九八六年傅爾布萊特計畫（The Fulbright Program）為了慶祝四十週年，邀請四十位傑出學者前往美國，謝希德女士就是其中之一。由於我曾學過中文，所以被派來當地陪，招待這位謙虛

> 若你主動掌控生命，就不再需要請求別人或者社會的認同。當你請求認同，你就讓別人有權力否決你的生命。
>
> ——艾柏特・傑福瑞（Albert F. Geoffrey）

低調的重量級人物。

　　她告訴我她的故事，一次只說一點點。我私下找資料才補齊她因謙虛而沒提及的部分。

　　一九三七年，日本占領北京，她的家人往南逃到武漢，後轉長沙。一九三八年最後落腳在貴州省貴陽市。逃難期間她染上了髖關節結核病。她裹上石膏住院三年，接著在家休養一年才康復。**臥床期間，她博覽群書，並自學英語、微積分和物理學。**

　　在我認識她之前，她已經是上海復旦大學的校長，在中國，這所學府等同於美國的哈佛。世界各地頒發給謝女士的榮譽學位高達十五項，她對中國固態物理學的發展扮演重要角色。而且，她靜靜地笑著說，「我是中央委員會第一位女性代表。」

　　跟她一起旅行的那個月，我們很少在一個地方待很久——因為她的行程滿滿，受邀到各地演講。只有紐奧良，我們在那裡度了長長週末。當地大學校長安排我們住在費爾蒙特旅館，此建築是一座高雅的老地標。旅館職員明顯得知這位女士的貴賓身分，所以辦理入住手續時受到殷勤款待。而我呢？小卒子一個。「打電話給我。」他們提著她的老舊小皮箱，簇擁著她到套房，我？我沒人理。

　　「派蒂？」電話話筒傳來她的細微聲音，「你打開行李了嗎？」

　　「打開了，妳呢？」我問她。

　　「妳得過來我這裡一下，」她興奮地說：「我從沒見過這種排場！對我來說實在太奢侈了，一大張桌子擺滿了食物，我不可能吃得下！過來我這裡，我們辦個派對吧！」

　　她的房門微開，我推門進入，看見鑲金的偌大房間一頭有一張國王寶座似的大椅，她勉強坐上去，雙腿懸著，搆不著地，看起來真像作家福克納小說裡的人物。他們把她安排在這間約三十六坪洛可式的豪華套房，裡面鑲金飾紅，鋪著天鵝絨。她前面的桌子上擺著最大尺寸的水果、起司，還有一排排紅酒，場面我這輩子未曾見過。

　　「瞧！」她說：「我不吃起司，所以妳得負責吃掉全部！」她也不

喝酒，所以品嚐美酒的責任就落在我頭上。就這樣，我們靜靜地開著派對，閒話家常。

在這種看似不可能發生的情境下，她談起當初怎麼熬過文化大革命。就跟當年許多身處中國的科學家和知識份子一樣，在一九六六到一九七六年的政治混亂期間，她被鬥爭流放。

「我被關在低溫實驗室長達九個月，」她說：「我丈夫也被軟禁在他所屬的機構裡，而我們的兒子那時才十歲，他得設法照顧自己。」她被釋放後，被迫當清潔婦，打掃物理學大樓的廁所和走廊，還要在大學的半導體工廠工作，擦拭矽晶圓。直到一九七二年，謝希德才終於獲准教書。

五年後，她創立「現代物理學研究中心」，獲得經費建立表面物理的現代化研究實驗室。她

> 自身的快樂得視別人而定，這種人最可憐。
> ──女星瑪丹娜

幫助上百位的年輕物理學家尋找出國受訓的機會，藉此振興中國的物理學，此外她還與其他科學家合著中文教科書《半導體物理學》，這本書對於固態物理學家的養成過程非常重要。身為中國科學院院士的她也是美國物理學會的會員，此外還是義大利「第三世界科學院」（The Third World Academy of Sciences）的成員及美國文理科學院（American Academy of Arts and Sciences）的外籍榮譽院士（Foreign Honorary Member）。

> 沒有你的准許，誰都不能傷害你。
> ──印度聖雄甘地（Mahatma Gandhi）

我們在紐奧良度過精彩的幾天，玩得像個天真的孩子，擺脫了身為重要人物巡迴演講的責任束縛（她負責講，我負責聽）。在紐奧良帶給我們的眾多回憶中，包括超好吃的碎蒜馬鈴薯，在法國區的悠閒漫步，以及美國南部黑人舞曲的樂風，最讓我難忘的是在沃斯廉價賣場的回

憶。當時希德說她那副戴了多年的老花眼鏡老是會滑下鼻梁。「來，」我告訴她，「我們來看眼鏡。」

於是我們走到閱讀眼鏡那一區，我把展示架轉了一圈。「哇，好多眼鏡，」我驚呼，「戴看看吧！」她很害羞，最後才伸手拿了一副歐吉桑款式的眼鏡，就是黑色鏡框看起來嚴肅、很有份量的那種。「那這副呢？」我舉高一副淺粉紅鏡框的眼鏡，「這副眼鏡跟妳的頭髮配起來很讚喔。」

「喔，不要，」她微笑抗議，「不能戴這種。」

「試試看嘛，又沒人在看。」我說。

於是她戴上那副眼鏡，看著鏡中的倒影。「我一會兒後回來。」我告訴她，同時往雜誌區移動，好給她一些私人空間。我離開時，見到她以眼角餘光看著鏡子裡那位戴著可愛粉紅眼鏡的自己。她還輕輕地摸摸眼鏡，微微轉動頭部，咧出笑臉，即使那微笑若有似無。**她看起來好美，彷彿身體內有盞燈亮著，整個人亮了起來。**

「我不能戴這種眼鏡！」我回來後問她要不要買，她回答我，「我必須讓自己看起來嚴肅，戴上這種粉紅眼鏡一點都不嚴肅！」然後，她買了歐吉桑款式的眼鏡。我們準備離開旋轉鏡架時，我注意到她又伸手摸了那副粉紅眼鏡。不久後我們離開紐奧良，繼續上路。旅程結束後她離開美國，我寫了一封信給她，告訴她這段旅程帶給我的意義，同時附上個小禮物。

我可以想見當她打開盒子，看見那副粉紅眼鏡時，臉上綻放的笑容。這是我們共遊時光的美好回憶。

三十七天：即知即行的挑戰

允許你自己戴上粉紅色眼鏡，或者，送一副粉紅眼鏡給某個不允許自己戴這種眼鏡的人。她們會戴的，絕對會，在她們私下獨處的時候，或許還會泛起笑靨，以不同角度看待自己呢。

行動：

專注的自由書寫：

- 花三分鐘回答這個問題：過去十二個月中，你拒絕過什麼？記住，拒絕有很多種形式，比如「我不能」、「我不該」等。

- 讀讀你所寫的內容。現在，再花三分鐘回答這個問題：什麼人事物是你的「審查機制」，也就是那些讓你無法真率說肯定的人（包括你自己）或狀況？你認為你必須得到誰的准許？

讀讀你所寫的東西，最後再花三分鐘回答這個問題：自我肯定會讓你感覺如何？看起來如何？

進擊：

在《即興創作的智慧》（*Improv Wisdom*）一書中，作者派翠西亞・麥德森（Patricia Madson）建議我們找一天對所有事物說 yes。不過如她事先警告，若你患有糖尿病，別人給你甜點時你還是必須先保護你的健康，這時，你可以用其他方式表達肯定，比如「好啊，我很高興能把甜點帶回家給我兒子吃，他很愛櫻桃呢。」

> 試試看，不止一天，而是連續三十七天！當你把個人喜好放一邊，接受別人給你的任何事物時，會發生什麼事？困難點是什麼？你必須放棄你最愛的控制權嗎？這麼做之後會有何收穫？
>
> 以細簽字筆在你的手上寫下 yes，好隨時提醒自己。通常簽字筆是「永久油性墨水」，但別因此縮手。說 yes！

看見巴士時驚歎，哇

賣掉你的聰明才智，買下迷惑混亂。
——魯米（Rumi），十三世紀波斯詩人

我那正學步的女兒泰絲，她的世界裡有件能帶來純然狂喜的東西，就是巴士，精確來說，是「好大、好大的巴士」。

對泰絲來說，世上沒什麼比得上看見巴士那一剎那所帶給她的的渾然狂喜和全然驚歎。就像短暫喪失記憶的人，每次見到巴士都像初見般興奮，「哇！巴士！」她以全身的力量狂喊，「好大好大的巴士！」以一個小不點兒來說，她的肺活量還真不小，聲音傳遍八方，惹得眾人轉頭觀望。

除此之外，接近「隧道，好大好大的隧道」時也會引發類似巴士所帶來的歡樂效應，但跟巴士一比，隧道還是相形見絀。當然，排在巴士後面的還有卡車，好大好大的卡車，或者好大的紅色消防車，或者冰淇淋車，或者快樂的卡車，或者好大的大卡車。這種大聲歡呼一天要重覆好幾次，唯一的問題只在於她嘰嘰喳喳的語彙總會把卡發音成「尬」。所以，你數數看，我們一天要聽到幾次的「尬」。在賣場的蔬果架之間，或者在郵局，若她剛好聽見「好大的消防車」經過，一定會對著詫異的民眾高聲宣布。

有她在身邊，就像拿到博士學位一樣歡天喜地。這種喜悅我們都懂

——在我們還沒分裂自己，還沒築牆隔離自己，還沒隱藏起被嘲笑的恐懼之前。

我曾讀過一個故事：有人走進幼稚園，問在場的小朋友誰會唱歌，結果每個孩子立刻舉起手。誰會跳舞？同樣的反應。多少人會畫畫？小手一隻隻全舉

> 年紀漸長，就很難繼續玩耍，你會變得不好玩。當然，不該這樣。
> ——理查德・費曼（Richard Feynman，美國物理學家）

起。接著，他走進大學教室，問大學生同樣的問題，結果他得到什麼反應？沒有，沒半隻手舉起。在五歲到十八歲這十幾年內，我們的喜悅感受，對自己潛能的信心，以及對宇宙的掌握感起了什麼變化？

我們學會掩飾自己，遮掩我們的驚奇和歡欣，我們的自我價值感和自我憎惡感。別說你會畫畫，因為很可能有人畫得比你好，到時你就會被取笑。別說你會唱歌，因為你又不是強尼・凱許（Johnny Cash）。如果你的作品無法榮登《紐約時報》暢銷排行榜，就別說你會寫作。別看見

> 停下來聆聽天上的飛機聲音，彎下來看看農作物上的小瓢蟲……孩童有他們的待做事項和時間表。當他們更了解自己的世界，也明白自己在裡頭的位置後，就會努力不讓大人來催促他們。
> ——凱西・努特布朗（Cathy Nutbrown，兒童教育專家）

巴士就大驚小怪——別人會認為你天真幼稚。

身為成人的我們，經常限制自己表現出驚喜。我們不願意或者沒能力驚歎，正是問題所在；我們認為驚歎等同於措手不及和幼稚天真。

如果我會驚歎什麼，就代表我很弱，沒心理準備，易受攻擊，因此，我不能驚歎，不能讓自己被什麼驚歎到。我要竭盡所能不被驚歎，不讓其他人發現我注意到一輛很大很大的巴士，而且被它驚得目瞪口呆。我不能轉頭，或者做出任何舉動來表現出我超愛這輛巴士，不能讓別人看出它讓我興奮得全身發抖，好想放聲大叫。

有機會的話不妨聽聽太空人斯多瑞・馬斯格瑞夫（Story Musgrave）

的演說，看看他從太空拍攝的地球照片，你會學到一門關於洞察力和驚歎的課。他以一張幻燈片作為演講的開始和結束。這張幻燈片是一個很小的小女孩在沙灘上，她彎著腰，俯低整個上半身，全神貫注地看著沙子裡的某個小東西，可能是貝殼或海草，一隻小蟲或者只是海水泡沫。我們長大後就失去這種神祕、驚奇、專注和陶醉，而這些正是我們必須重拾、找回、擁有、珍惜和分享的東西。

　　我在費力推著坐在鞦韆上的女兒時（「高一點，高一點！」雖然才四歲，她已經中了腎上腺素分泌的癮），有時我會思忖，如果成人也像泰絲這樣過生活，大膽地闊步過自己的日子：「哇！要開會耶！看，時間拖到好扯、好誇張的會議啊！哇塞！好大張的罰單呀！兩百頁的策略計畫呢！唭呵！明天要交報告耶！還有貸款也是耶！哇，哇！無能老闆坐在好大好大的消防車裡耶。」

　　展現出你內心那個充滿驚奇、驚喜和純然喜樂的小孩，讓我們都願意因巴士、消防車、沙灘上的貝殼，以及生命本身而驚喜連連。

行動：

作家亨利·米勒（Henry Miller）說：「全神投注於任何事物，就算只是一片葉子，也能自成一個神祕、奇特、難以名狀的動人世界。」

• 到院子或者住家附近的公園找一片葉子或石頭，你所能找到最普通、最平凡的那種。

• 坐下來花個五分鐘，靜靜地看著那片葉子或石頭。

• 然後將它拿開，別看它。連續書寫五分鐘，描寫那片葉子或石頭。就你記憶所及，盡可能描述得鉅細靡遺。你的這片葉子或石頭跟其他有何不同？

• 讀讀你所寫的東西，然後再看看那片葉子或石頭，最後把它放回院子或公園裡。

• 你可以根據你的描述，再次找到它嗎？

你可以把這種「葉子專注力」應用在任何事物或者任何人身上，來提高你的驚奇感受，擴大你的看法。

進擊：

　　別思考，現在迅速寫下你每天會見到的五種東西。鍋鏟、鏡子、小地毯、電腦和咖啡杯。接下來三十七天，每次見到其中一樣物品，就**大聲說出它們**。「哇！鍋鏟！」（這裡所說的鍋鏟指的是是你所列出的五種物品之一）。因看到它們而開心，把自己當成五歲孩子去做這個練習，熱愛你的鍋鏟。如果大聲說「哇」會讓你很不好意思，就在腦中恣意馳騁地想著「哇」，或輕輕點腳，私下以安靜的方式也讓你的腳尖感受到驚歎！

我
你
我們
他們
這些人
如果
有人能持續處於我們的狀態，
這樣不是很棒嗎？
有些
最老生常談的
字彙
可能是最大的
阻隔
他們
倘若沒有他們呢？
倘若
只有
我們？
如果話語
浮於嘴邊時
能歷歷可見
當它們通過嘴唇時
我們不會感到
羞愧？
若將話語
以一條曬衣繩
串起來
當我們的思緒在微風中撲撲拍動時，
我們會感到驕傲嗎？

——瑪麗蓮・瑪西歐（Mariyn Maciel），「曬衣繩」

第四章

融合：要慷慨

活著時大方與臨終前大方兩者截然不同。前者源於真心的慷慨仁慈，
後者源於驕傲恐懼。
　　　——霍瑞斯·曼恩（Horace Mann，十九世紀美國教育家）

　　我認識的人當中，最睿智的人之一是伊立艾夫·札凱（Eliav Zakay），他是以色列某個全國青年領導計畫的負責人。一九九五年我們初識於以色列。當時我受邀在一場會議裡演講，這次機緣讓我們在與會的茫茫人海有機會密切相處。會議一開始，在進行各國模擬的活動中，我們兩人被分配到同一個小組，這小組代表某個虛構的小國家。我們兩人都不喜歡各國相互競爭的複雜遊戲，所以雙雙溜出去喝咖啡，到海洋水族館蹓躂。我還跟他一起划了一趟趣味橫生的小艇，最後跟這位前坦克指揮官飲酒作樂，結束一天。從我們認識到現在，伊立艾夫總是非常睿智和幽默。

　　他告訴過我一個故事，令我深刻難忘，即使現在他否認說過那個故事。好吧，為了安撫他，我們就假裝這故事不是他說的，是某個以色列人說的，那個人叫……喔，我不知道叫什麼，姑且稱為伊立艾夫好了。

　　那個伊立艾夫當年在以色列國防軍（Israel Defense Forces）服務

時，有一天指揮官帶他到沙灘。「伊立艾夫」，他說：「兩隻手都去捧沙。」伊立艾夫照做。「現在，」指揮官繼續說：「一手打開，另一手盡可能握緊拳頭。」

伊立艾夫遵照吩咐。

「現在，打開握緊的拳頭，比較兩隻手掌剩下的沙子數量。」指揮官說，「哪隻手裡的沙子比較多？」

「張開的那隻手。」伊立艾夫說。

想握緊沙子，卻會把沙子擠出來。

有人習於張開手，有些習於握緊手。有些會利用張開的雙手幫助別人站穩，有人則緊緊握住手，不跟別人連結，尤其是那些他們認為與自己不同的人。

要怎樣才能慷慨，才能張開手，以一種即使沒有東西仍能給予，願意分享而非緊握的方式來過日子，並且有能力看見與自己不同的人也具有豐富深刻的人性？

慷慨是一種存活於世界的方式，而不是給予的方式。**慷慨無關乎贈禮，而在於要給別人空間，讓別人能做自己。**

我們所看見的並非事物的樣子，我們看見的是自己的樣子。
—— 阿娜絲‧寧（Anaïs Nin），法裔美籍女作家

我丈夫約翰通常會在華盛頓古董暨書展裡擺攤。賣家會到這個展覽會與買家進行一場皆大歡喜的交易，而買家會在此尋找珍奇物品或人生的第一件收藏品。艾瑪八歲時，她和我去開幕茶會探班。約翰的攤位裡除了一排排的書，還有一個點燈照明的展示櫃，裡頭放的是較昂貴的珍品：牛頓的《光學》（*Opticks*）、達爾文的《物種起源》（*The Origin of Species*），以及攝影大師史提葛立茲（Alfred Stieglitz）那幀一九一〇年紐約中央車站的黑白老照片。艾瑪看著展示櫃，一臉憂愁。「怎麼了，老妹？」坐在櫃臺後方的約翰問她。

「窮人買得起這些嗎？」她問。

那天晚上回家後她畫了幾張小圖，上面是漂亮的馬兒，並用她小學三年級的不穩筆跡以鉛筆標示二十五美分，然後堅持約翰把這幾張圖放進展示櫃中。她的圖畫代表的是一種獨特體貼、一種鼓舞打氣之舉。她明白，在這個世界，人人經濟能力各不相同，所以想對別人付出給予——而這正是全世界最真誠的贈禮，此例充分印證我們出該如何融合。她單純地想到別人的現實狀況與我們不同。

想要融合，就得慷慨，多數時候你只需伸出手就能辦到。如果你把沙子抓得緊緊，堅持不放掉你的是非觀、**你的信仰體系**、**你的優越感**，**你對別人的假設**，以及**你對正常的定義**，你就很難做到慷慨和融合。

我們所認為的「正常」人，其實不過是「常見」的人。如果我將自己放在人類經驗的連續軸中央「正常」位置，那麼，不在那個位置上，你就是「不正常」。你所在的位置離我的「正常」位置愈遠，我就認為你愈不正常。除非遇到「不正常」，否則你不會知道自己「正常」。

> 終有一天，我們的後代子孫會很詫異我們竟然花了這麼多心思在某些事情上，比如臉上有多少黑斑、眼睛的形狀，或者我們的性別，而沒去注意到我們身為複雜的人類所具有的獨特身分。
> ——法蘭克林‧托瑪士（Franklin Thomas）

倘若我不把自己放在連續軸的中央位置上，而是把別人放在那個位置呢？倘若在我的字典裡，「正常」這個詞彙的圖例是一個跨性別的女人，她在有機生鮮超市 Whole Foods 購買大蒜番茄醬時被人盯著看？或者，是一個留著細髮辮，身上有刺青，耳垂上有大洞的年輕人，站在艾瑪最喜歡的那間「哥德」店裡呢？如果他非常和善地回答我那些非常不酷的家長式疑問，（「你是怎麼把耳垂弄成這樣？」「T 恤上那句支持佩德羅是什麼意思？」「你舌頭上有那個東西，這樣要怎麼吃飯？」）那麼，我們就從原本天差地遠的兩個人朝相似性移動，而之所以能有這種改變，不是因為我們對差異視而不見，而是因為我們能直接走向差

> 要得到所有東西，就必須張開雙手，並且給予。
> ──弟子丸泰仙（Taisen De-shimaru），日本禪師

異，談論差異。

慷慨來自於打開自己，迎向別人。對於跟自己類似的人，我們通常比較慷慨，但我們必須學著將慷慨之心延伸到我們認為與自己不同的人。

和別人肩併肩擠在一起

在我們生命的某個時間，內在火焰會熄滅，這時若偶遇某人，就會冒出火花。我們應該感謝那些重燃起我們內在靈性的人。
──史懷哲（Albert Schweitzer），人道醫生

八十歲的榮格學派心理分析師暨作家瑪莉恩‧伍德曼（Marion Woodman）的演說「女人，權力和靈魂」深深打動了我。她緩慢、安祥、清晰地點出這世界已喪失陰性原則。她所說的陰性不是指性別，而是指世界的能量。「如果父權本身成了一種譖仿性的權力原則，」她說，「那麼我們就更需要陰性原則，著重在接納、靈魂與心方面的原則。」

「陰性是一種專注於當下，專注於我們更深層、更緩慢面向的能量。」她說。陰性原則追求的是相關性，這種原則會去追問：我們相似嗎？我們可以如何連結？你看得見我嗎？以及──或許這是最重要的一點──你在乎你是否看得見我嗎？

當年她在高中教音樂和戲劇時，就經歷過這種「注視」的力量。她發現學生在排練戲劇時，若她分神就一定會出錯。「當我分神時，能量會變得動搖、含糊、微弱，這時恐懼就會悄悄滲入，勇敢的自發能量會喪失。我驀然頓悟，原來覺察者和被覺察者是同一件事。」

量子物理告訴我們，觀察實驗這個行為本身會改變實驗結果，觀察注視的舉動會影響到被觀察的人事物。「責任多重大呀。」瑪莉恩‧伍

德曼輕輕點出這個事實。我們對他人的反應會影響到他們，不是嗎？

　　我們如何做到為了別人而存在？**我們如何愛別人，不帶目的？**誰能把我們當孩子般地為我們存在，而不要求我們符合他們的標準？誰能真正看見我們、聽見我們，而不求回報？

　　瑪莉恩‧伍德曼所傳達的訊息和問題令人折服，但接下來她所說的這則故事更讓人讚歎。

　　她在印度時，曾因嚴重痢疾而被困在旅館房間好幾個星期。最後，渴望逃離房間的她在某個

> 我們可不可以從今晚開始創造一個新的生活規定：永遠比需要表現出的態度更友善一些？
> ——詹姆斯‧貝瑞爵士（Sir James M. Barrie），蘇格蘭劇作家

下午慢慢地走到旅館大廳，坐在那裡寫信給丈夫。她在空蕩長沙發的尾端坐定後開始寫信。

　　明明還有其他空位，但忽然有個身材壯碩的褐膚色女人硬擠在瑪莉恩和沙發尾端之間，兩人近到胳膊會相碰，讓瑪莉恩很難繼續寫信。

　　瑪莉恩不高興自己的私人空間莫名其妙被侵占，立即挪開位子，沒想到那女人跟著移動，繼續挨擠著她。「每次我移動，她就跟著移動，最後我們兩個都坐到長沙發的另一端。」

　　就在瑪莉恩停止移動後，她才注意到這女人的粗壯胳膊很美、很溫暖。於是，兩人就這麼坐在一起，一個骨瘦如柴、久病懨懨的白種女人和一個身材碩大的褐色女人，手臂碰手臂。她們沒有共通的語言，所以只能沉默地坐著。瑪莉恩屈服於對方粗壯溫暖的手臂，接受了對方的存在，並且放鬆地靠著她。

　　隔天，她再次到飯店大廳寫信。這次，那女人又來了，靜靜地坐在她身邊，並碰觸到她的身體。第三天、第四天，瑪莉恩的身體逐漸康復。

　　這場沙發移位舞持續了一個禮拜。有一天，就在這兩個女人結束她們溫暖胳膊相碰的沉默諜對諜後，有個男人走過來。

　　「妳的身體好了，所以我太太明天不會來了。」他對瑪莉恩說，然

後對她的沙發伙伴點點頭。「你太太？」她萬分驚訝，「她來這裡是為了什麼？」她問。

瑪莉恩完全沒料到對方會淡淡地說出這麼簡單的答案。「我看見妳奄奄一息，就叫她坐在妳身邊，我知道她身體的溫暖可以讓妳恢復健康。」他說。

過了好一會兒，她才明白他這番了不起的告白，以及他們夫婦此舉所代表的重大意義。

「她真的救了我的命。」瑪莉恩靜靜地重述這個故事。「那個女人願意花時間坐在我身邊，而且，更重要的，我自己願意接受……這就是建立連結。」

這就是為了別人而存在的真諦。

三十七天：即知即行的挑戰

我忍不住納悶，如果大家都能無條件地為別人而存在，即使對方是陌生人，就像印度那個有溫暖胳膊的女人為瑪莉恩・伍德曼所做的，那麼，這個世界會變成什麼樣？挨擠在別人旁邊，跟對方肩併肩。不挪動，完全存在於當下，專注傾聽他們的故事，不開口訴說自己的故事。專注在當下，不管有無言語。傾聽時不查看電子郵件，不計算股票賺了多少，也不忙著煮晚餐。體認到對方的存在會「改變實驗」，會互相改變。讓他們知道你真的在乎與他們會面。向他們伸出你那強壯溫暖的手臂，讓他們可以放鬆地倚靠。

或者問問你自己：我可以自在地接受別人伸出的手臂嗎？

> **行動：**
>
> 　　拿著你的記事本，找個咖啡廳、餐廳或者公園，某個周圍有人說話的地方。傾聽周圍的對話節奏。安靜專注一會兒。把你聽到至少五分鐘的對話寫下來，捕捉片段的對話內容。然後花五分鐘利用你所寫下的詞彙句子創作出一首詩。另外，當你在那裡時也試著幫忙別人，比如替他們開門等等善意的小舉動。

> **進擊：**
>
> 　　留意助人之舉，配合他人的慷慨善意。接下來三十七天，每天都去接觸需要幫助的人（從某方面來看，我們都需要幫忙，不是嗎？）如果他們拒絕你的好意，留意這種拒絕帶給你的感受，然後繼續去幫助他人。這些經驗感受都不費成本就能獲得。在這三十七天裡，也要接受別人提供的幫助，即使你明知靠自己可以做得更好。鬆手讓別人幫你，並留意這帶給你什麼感覺。

揮手就對了

有時我們以為貧窮是食不解飢、衣不避寒、無家可歸。其實，不被需要、不被呵愛、不被關照才是最大的貧窮。我們必須從家裡開始治療這種貧窮。

——德蕾莎修女（Mother Teresa）

　　有個男子經常在我家附近遊蕩，穿戴的外套和帽子髒得不得了。他會四處窺探，看看有誰在家，監視別人的作息。他總是走來走去，全身髒兮兮地發出惡臭。我們都叫他「走路先生」。

　　有天早上我開車準備進城，經過住家後方的樹林，轉入 CITGO 加

油站左方，正巧看見他從他家走出來——原來他也住在這附近，誰知道呢？

我住的這間房子是一九〇三年由名建築師里察・夏普・史密斯（Richard Sharpe Smith）所設計，他正是美國著名豪宅畢爾特摩莊園（Biltmore Estate）的督導建築師。嗯，我們家只是規模小一點罷了，如果屋子後方有一間整面牆開窗的佛州式起居房，如果再多一些房間，如果大簷底下弄間舒適的小書房，廚房再裝修一下，吃早餐的小角落再增建可放置雨具和髒鞋的外玄關，那就更像完美豪宅了。喔，對，露臺上還要有大天篷，另外，車道若能重新鋪設……唉，總是有地方要改進，不是嗎？

總之，原來走路先生自己設計房子，而且離我們家不到五百碼！

我家座落在三角形的建地裡。

走路先生的家則是被高聳樹林和美麗蜿蜒的蘆葦溪所圍繞。

我家有圍牆圈住的後院，裡頭滿是孩子的玩具，某一天若行有餘力，則有機會變成後花園。

走路先生的家則處在毫無束縛的大自然裡，沒有圍牆藩籬。

就在我看見走路先生從他家出來時，我整個人楞住。

他的家其實是樹林中的一堆垃圾和紙板，從馬路上幾乎見不著。那一刻，我頓時明白他之所以走來走去是因為沒地方去，沒地方坐，沒地方吃。他之所以全身髒兮兮是因為沒地方梳洗。他之所以睡在垃圾堆是因為無處休憩。

對這個流浪漢，我負有什麼責任？我要如何幫他，同時又替他保留面子，並且確保自己安全無虞？既然我眼睜睜看到他從垃圾堆裡起身走出來，我要如何裝作不知道他就住在這裡，就在我眼前，但又離我很遙遠？我怎能直接開過去，不給他一件溫暖的外套、一雙手套、一件睡袋？我怎能躺在溫暖舒適的被窩，叫囂要他滾遠點？

但這世界有太多需要幫助的人，我不可能一一做完。

瞧瞧我多麼輕易就給自己編出這種推托之詞。

我們實在很擅長把別人貶抑成次等人類，如果我能設身處地站在他

們的立場，我就能更留意到他們。如果不能，就見不到他們。對我來說，因為感受到世界上的苦痛而產生的恐懼，反倒經常變成一種特殊的恩典，讓我既害怕又同時鬆了一口氣：我沒因龍捲風和海嘯而被迫離開家園，所以我就把這些悲劇縮小，侷限在電視螢幕裡，藉此來處理我對這些悲劇的反應。對於發生在剛果的事情，我做了什麼？什麼都沒做。那發生在中東的事情呢？一樣什麼都沒做。對於世界各地受飢餓摧殘的孩子，在我居住的小鎮上沒飯吃的孩童，以及市區萊辛頓大道上那個沒鞋穿的男人呢？我什麼都沒做。沒做，都沒做。

我剛定居在華府時，有個人經常在我所住的國會山莊（Capitol Hill）附近巡視。我們都叫他「疾步先生」，因為他走路非常快，下唇總銜著一根搖搖欲墜、沒點燃的菸。那根菸就像在浪頭上的滑板，隨時可能掉下來。好幾個月我一直看到他，走路、走路、走路，身材消瘦，腳步急速。

有個春天早晨我走路到聯合車站的地鐵站搭車，疾步先生和我剛好走在同一條公園小徑上，朝向同方向。我加快腳步趕上他，對他說：「嗨。」疾步先生迅速轉身面向我，擋住我，讓我無法橫越過公園。

「妳認識我嗎？」他大吼，「妳認識我嗎？」

「嗯，」穿著幹練套裝的我彬彬有禮地回答，「我在附近見過你，所以心想該跟你打聲招呼。」

「妳又不認識我！妳又不認識我！」他繼續吼叫。當時是早上八點五分，開車經過公園的駕駛人目睹了通常不會在這種時間發生的罕見秀，他們搖下車窗，轉頭向吼叫聲處張望。我繼續走，淡淡地回他，「不認識，不算認識，我只是想表示禮貌，很抱歉打擾到你。」

「妳哪裡人？」他質問我，「妳哪裡人？」

「出生地嗎？」我問，心想要如何回答。「我來自北卡羅萊納州的一個小鎮，我想你一定沒聽過那個地方。」我說，盤算著該怎麼逃開，評估從這裡到麻州大道那間 7-Eleven 的距離。

「我聽過。」他吼著說。我心想我們很可能把他取錯綽號了，搞不好「吼叫先生」比較適合他。

「噢，那是個小地方，叫摩根頓。」我現在真想來杯咖啡，隱沒在人群中好好搭趟地鐵，沒人交談，不跟人眼神接觸，或許再來塊大紅椒松露巧克力，以安撫我的緊張神經。

「我去過那裡！我去過那裡！」他吼著說，因這層地緣關係而更加激動。這未免太巧了吧！在茫茫人海中，在華盛頓州這種早晨趕上班的巔峰時間，我們竟在這裡談起雙方都曾住在北卡羅萊納州的一個小鎮。

這種機率實在太不可思議。

接著，我想到了：北卡羅萊納州的精神病院就位於我的家鄉。聽著他說起自己的故事，我才明白他真的住過那裡，而且過往經歷完全符合我對流浪漢的刻板印象——但我正努力消弭這種印象——他們的精神狀態都不穩定。有些真的如此，但我知道有些人不是。就是這種恐懼讓我不想跟他們接觸嗎？這時，我心裡清楚冒出這個問題：我願意幫助癌症病人，但不願意幫助有精神病的人？難道流浪漢是一個這麼大的鴻溝，難以跨越嗎？什麼是幫助他們的最好方式？

上週三我到艾旭維爾市，將車停在 CITGO 加油站買米香餅。我可以撒謊，說我是停下來買香蕉，但我沒這麼做。這種時候就只有米香餅最對胃。

只要活著就得留意，自己是否以貌取人。

——讓‧德‧拉封丹（Jean de La Fontaine），十七世紀法國詩人

我坐在加油站前方，眼角餘光瞥見有個人走向停車場，然後停步將手指伸進公共電話的退幣孔，想撿取別人打完電話匆忙離去而遺忘的硬幣。我轉頭察看，認出那件髒兮兮的白外套，是走路先生。這是我第一次清楚看見他的臉，感覺就像忽然跟電影明星近距離接觸，認出對方後反而嚇了一跳。

他看起來年紀比我略大，輪廓分明的俊美臉龐經歷了風吹日曬，在白色外套映襯之下，散發出深黝古銅色。他永遠穿著紅色格呢襯衫和那

件外套，走路時肩膀微馱，目光朝前，不左右張望，彷彿他已習慣大家見到他就撇開視線，所以他也懶得試圖跟人眼神接觸。

他走過我的車，像靜靜駛過水域的一艘船，直直走向垃圾箱翻找食物，低頭尋撿你我掉落的銅板。

我看著他穿越停車場，再彎腰走回我的車，最後顯然認命了，馱著背消失在濃密樹林裡，這時我才發現，多次來往樹林的他已將樹叢踏出一條小徑，而我之所以

> 無家可歸的流浪漢不是無法在社會上生存的人，他們只是沒有家。
> ——雪拉・麥克坎辛（Sheila McKechnie），蘇格蘭工會運動人士

一直沒看見這條路，是因為我從來不需要去注意這條他往返加油站和垃圾堆家園無數次而創造出來的小徑。

最近有天早上，女兒泰絲和我送約翰進城上班。途中她將後座的車窗搖下來，興奮地伸出那雙別人幾乎看不見的小手朝窗外揮舞，期待她打招呼的那些人也能回報以相同熱情。

車子停下來等紅燈時，泰絲高聲大叫，興奮地揮著手。「嗨！嗨！嗨，大好人，嗨，大好人！」我轉身想看看她注意到的人是誰，這才發現走路先生正慢慢地走在萊辛頓大道上。在這麼溫煦的天氣裡，他頹垮的肩膀仍披著那件髒兮兮的白外套。他轉身的速度很緩慢，彷彿希望泰絲趁機將注意力轉到別人身上。就在瞥見她揮舞的小手和熱情的招呼時，走路先生咧嘴大笑，站得挺直，被這番驚喜逗得開懷，大方地揮手回應，還說了「嗨」——這舉動彰顯了他們兩人的人性，讓他們之間有了聯繫，不管時間多短暫。

就在那一刻，泰絲發現了我沒發現的東西——走路先生的尊嚴，他被認可與歡迎的權利，以及珍貴的自我。

今天早上我們停在 CITGO 加油站給單車的輪胎打氣，準備等一下騎去河邊。天氣暖洋洋，而他也在那裡，正準備穿過樹叢。我們打完氣騎過去時，走路先生已經走回家，我看見他直挺挺坐著，眼神直視前方。

　　跟著泰絲做，揮手就對了，微笑就對了。你周遭有些人或許不像你那麼有尊嚴，有人性（但其實他們有），學著去看見並認可他們的人性。如果我們為了自身安全轉過身，那我們就失去自己的人性。有時跨越這條線會搞得自己灰頭土臉，甚至會被吼罵，但或許我們就是需要偶爾灰頭土臉一下。或許，我們應該停止抱怨我們的生活，而且停止的時間要久一點，好讓我們能治療專屬我們的貧窮，並幫助別人治療他們的貧窮。正如印度德蕾莎修女所言，「不止對麵包飢渴，也對愛飢渴，不止因欠缺衣物而光溜，更因缺乏尊嚴和尊重而赤裸。不止因欠缺磚造房間而無家可歸，更因被拒絕而流離失所。」

行動：

　　拿出記事本，進行專注的自由書寫：

- 花兩分鐘，寫下你童年最愛的遊戲。是什麼遊戲，你都跟誰玩？兩分鐘後停筆。

- 再花兩分鐘寫下你的祕密藏身地，現在或童年的都行。那地方是哪裡？什麼時候、什麼原因會讓你去那裡？兩分鐘後停筆。

- 花兩分鐘寫下你生命中最大的失落。你的身體哪個部分感覺到那種失落？兩分鐘後停筆。

- 花兩分鐘寫下你的初戀。哪種聲音、顏色和身體感官會讓你聯想到那個初戀？兩分鐘後停筆。

- 花兩分鐘寫下你的夢想。你渴望什麼？兩分鐘後停筆。

讀讀你所寫的東西，現在想像你之後遇到的每個人都跟你有一樣精彩豐富的經驗、回憶和故事，不管是十歲的男孩或者大學教授，或是住在遊民收容所的人，或者你工作地點的警衛。我們都是複雜特殊，多面層次的生物，我們所有人都是。我們所遇見的每一個人都是如此。

進擊：

從今天開始，連續三十七天，跟住在街上的人，也就是遊民有眼神接觸。他們一開始也是普通人，之後才成為流浪漢，而不是天生就是遊民。就算他們的回應方式嚇到你，你也要記得，重點不在於他們如何回應你，而在於你對他們伸出了手，而這隻手正代表你們之間具有共通的人性。

- 別給遊民金錢，給他們食物，或者小吃館、雜貨店的折價券。

- 提供遊民相關資訊，將可協助他們的機構名稱和地址印在小卡片上，拿給他們。

- 到遊民收容中心之類的機構當義工。

- 捐錢給幫助遊民的組織。

- 如果你今年要辦生日或週年慶派對，建議賓客將禮物轉送給遊民慈善團體，或者請他們改送罐頭食物給你，之後你再將這些罐頭捐贈給食物銀行，讓他們去幫助飢餓的人。

- 記住那些無家可歸的孩子，尤其當節慶假日時，因為他們很可能收不到任何禮物。找個方法當他們的天使。

> 除非可以超越侷限的個人層
> 次，進而關懷所有人類的福
> 祉，否則就無法開始真正活
> 著。
> ──馬丁・路德・金恩（Mrtin
> Luther King Jr），美國民權運
> 動領袖

> 沒人可以公正地譴責他人或定
> 別人罪，因為無人可以真正了
> 解他人。
> ──托瑪士・布朗爵士（Sir
> Thomas Brown），十七世紀英
> 國作家

想想跳蚤

現在讓我們來迎接新年
新的一年裡有未曾存在過的所有事情。
──里爾克（Rainer Maria Rilke），奧地利詩人

在為期三天出差旅行的第五天，我開始寫這篇文章。

多出的兩天我就在機場，被濛霧、多舛、冰冷的寒雨逼著忍受宛如
十載的漫長光陰。芝加哥機場的延誤害我錯過晚上十一點的轉機──不
過這班飛機最後還是難逃被取消的命運。我總覺得取消也好，反正我搭
不上。若班機取消給你的感覺像中樂透，那肯定代表什麼地方出了差錯。

經過多次偽啟程的折磨，我真想好好睡一覺。這些偽啟程包括飛機
已經在空中，即將抵達這裡，到時我們就會把你捆綁在玩具椅上，把你
送到家──反正乖乖坐好！啊……飛機又改道了，不過我們正從亞塞拜
然調飛機，從維德角共和國調機組員，所以乖乖待在登機口，因為我們
很確定他們很快就會到這裡！最後，我拎了一本書，走向 Marriott 過境
旅館。它幾乎座落在飛機跑道上，真是名副其實的機場旅館啊。

書？傑佛瑞‧尤金尼德斯（Jeffrey Eugenides）榮獲普立茲文學獎的小說《中性》（Middlesex）。我才讀到第十二頁，就期許自己也能寫出這樣一本書。隔天，依然困在地面，我繼續閱讀、打盹，在奇怪的正午打了個昏沉到骨子裡、會毀掉整晚的盹，但這種盹又會讓你做起十七世紀荷蘭顯微鏡學家雷文霍克（Antoni van Leeuwenhoek）所做的那種夢。

《中性》裡提到他的名字，光讀到這個就讓我的腦海浮現他那幅跳蚤素描。

在荷蘭臺夫特市（Delft）擔任小公務員的雷文霍克，沒受過正式的科學訓練，但他手邊有一本羅伯特‧虎克（Robert Hooke）的《顯微鏡製圖》（Micrographia），還有對微小物體的滿腔熱情。

雷文霍克利用自製的單鏡筒顯微鏡（工具小到可以放進手掌裡）來觀察他所能想像到的所有東西，並且跟藝術家合作來精確繪出他未曾見過的神奇景象。雖然他的顯微鏡只有一個鏡片，卻能將東西放大到兩百倍，當時其他的顯微鏡頂多只能放大十倍。

因此，他可以更深入、更完整、更貼近地觀察物體。既然能看得如此深入，就不可能看不到鉅細靡遺、錯綜複雜的細部。**一旦知道以後，就不可能不知道，一旦看過後就不可能見不到。**

雷文霍克觀察胡椒（他原本以為顯微鏡下的胡椒有凸釘，所以才會刺痛舌頭，但其實不然），意外發現微小的有機生物，這生物就是今日所稱的原生動物。他是史上第一個看見活體微生物的人。皇家學會重製他的實驗，使得雷文霍克一夕成名。他開始發現到處都有微小生物，包括他的牙菌斑上也有「許多非常小的活體微生物（animalcules），很可愛的移動生物。」事實上，他發現了另一個星球上的生物，而這個星球就是我們人類。

在這個只有指尖大小的 iPod nanos 和筆電世界裡，不曉得我們能否欣賞雷文霍克作品的巨大重要性（既巨大又重要）：在此之前沒人見過他所見的東西，也沒人知道那些生物的精細構造，所以沒有理由發出這樣的嘖嘖稱奇。但忽然間一切都變了，內在世界本身就精彩萬分，呈現

出顯微放大後的無限放大，以及生命裡的複雜度和生命。由於無限微小的東西得以被測量，整個測量的觀念才得以立即並永遠改變。

> 觀看，就會發現——沒被尋找的東西就不可能被發現。
>
> ——索福克里斯（Sophocles），古希臘時代的悲劇詩人

他以這種放大方式來看跳蚤，見到不可思議的事情。原本一丁點大小的害蟲真的變成複雜難解、帶著獨特美感的生物。跳蚤很複雜，一點都不簡單，值得我們去注意它，而非心不在焉地隨手捏死它。

對於別人，也是這樣嗎？我們將人分成兩類來看待，一種是沒有定義的一大群人，也就是「他們」。我們要怎樣才能更深入、更貼近、更完整地看待這類人？怎樣可以改變原本視他們為「什麼」（東西）的態度，轉而視他們為「誰」（人），將他們看成比我們更具獨特性，更有迷人複雜性，嗯，更具人性，更像我們的群體？

我朋友大衛最近跟他的伴侶蘿拉到阿拉斯加看鯨魚，他們被這些龐然的美麗生物震懾得無語。事後大衛問說，為什麼我們會對鯨魚驚歎，卻不會對其他人類驚歎？為什麼我們不帶同樣的眼睛去看其他人（和我們自己）？跟你搭同一班飛機，坐在你旁邊的 8B 座位，來自從辛辛那堤的那個人呢？他很令人讚歎——看見這一點，並認可這一點。

艾瑪四年級時，有一次約翰去他們班上教大家怎麼觀看。他拿一張放大的一美元海報，並給每位學生一美元的鈔票和一張紙，紙上有個小洞。他指著海報上的某個位置，要學生只能透過紙上的小洞找出手中鈔票上的相同位置。那個洞非常小，他們只能把全副注意力放在紙鈔上的「隱藏」物體（比如那隻體積不超過三個針頭的迷你貓頭鷹——你發現過它嗎？）他對全班說：現在，你知道紙鈔上有那些東西後，就不可能沒看見。

如果我們能向雷文霍克學習，或許我們的新年就不會如里爾克所言，充滿不曾存在的東西，而是充滿我們沒好好見到的東西。而且一旦

我們見到了它們，它們就會永遠在那裡，不可能再次看不見。這時，我們要面臨的挑戰就是要比以前更專注深入去看，在其複雜性中尋找美感。

雷文霍克的奇妙旅程源自於他在寢具店工作時拿起放大鏡看床單上的線紗，他每天每天都這麼做。我的奇妙旅程會源自哪裡？那你呢？

想想跳蚤。以你看見鯨魚、白頭鷹、熊貓寶寶和 Xbox 遊戲機的驚歎方式來對待你周圍這些複雜難解的人類。集中注意力，更仔細端詳。深入地去看，看進裡面。就是去看，別再不知道，別再視而不見。

行動：
你需要記事本、筆和蘋果，來進行專注的自由書寫。

• 坐在書桌前，蘋果放前面。假裝你從遙遠的星球來到地球，從沒見過蘋果。如果願意，你可以摸摸蘋果來研究它。

• 花七分鐘詳細描寫眼前這物體，它是什麼？看起來如何？可以用它做什麼？你可能會覺得七分鐘過久，這時再好好看看它。這東西絕對有夠多的細節可以讓你寫那麼久。想像你必須向從未見過這物體（蘋果）的人解釋這東西。

• 七分鐘一到，放下筆，讀讀你所寫的內容。

• 現在花十分鐘回答這些問題：花時間描寫蘋果，此舉動讓你對蘋果有何感覺？你現在可以從一籃蘋果中挑出這顆嗎？這七分鐘的詳細觀察是否強化了你跟這顆蘋果的關係？是怎麼強化的？

進擊：

- 連續三十七天，每天早上看看那顆蘋果，或者重讀你對它的描述，然後以同樣的專注態度來面對你今天會遇到的所有人：他們是誰？看起來如何？他們熱愛什麼、嚮往什麼？他們值得讓你投以同樣的專注力嗎？

- 你也可以拿一張紙，用很尖的鉛筆在上面戳一個小洞，然後拿著這張紙貼近某個物體。紙上的小洞能讓你集中注意力。接著把整枝鉛筆穿過那個洞，把洞撐大。此舉如何改變了你的專注力？

- 每次只專注於一件事，藉此探索如何在每日的生活裡應用這種專注力。連續三十七天訓練自己專注，聆聽別人說話時絕對不做其他事。如果同事跟你說話，就轉身面對他們，放下筆，專心聆聽。如果孩子有事要告訴你，就放下手邊所有的事專心聽他說話。看看這樣的專注能帶給你們什麼收穫。

重新定義「正常」

我們終身能享有的特權就是當自己。

——喬瑟夫‧坎伯爾（Joseph Campbell），神話學大師

　　我和室友安坐在濱弗宿舍的階梯上，慶祝春分到來以及大一生涯的結束。我們直接就著包裝袋吃起司餅，面向停車場。「看，」安說：「坦恩在那裡，不知道和他一起的那個人是誰？」

　　他們兩人慢慢笑著走向我們，身後的燦陽在他們身形輪廓旁散開來，使得兩人頓時化身成光環圍繞的聖人。「妳們認識里察嗎？」他們靠近時坦恩問，指著他身邊那個戴著黑貝雷帽，和我一樣穿木屐的男子。我搖搖頭，不敢置信。

　　「嗨。」我說，抬頭看著里察，右手放在眼睛上方，以敬禮的姿勢遮擋陽光，好看清他的臉。

　　「嗨。」他以悅耳的聲音回應我，「妳的木屐很美。」他微笑時我看見他的嘴角兩側有酒渦。

　　「貝雷帽很好看。」我回禮稱讚。

　　「里察是電臺 DJ，就是那個一天到晚播搖滾樂團 Tethro Tull 的傢伙。」坦恩哈哈大笑，里察也跟著笑。

　　我又看看里察，說：「我聽過你的節目！你應該知道，聽眾經常想知道收音機裡說話那人的長相。」他微笑，點點頭。我說：「你沒讓我失望……不過你的確和我想像得不一樣。」我說，迅速低下頭。

　　「更黑嗎？」他問。

　　「對。」我抬頭，眼睛眨都不眨地直盯著他的雙眼。後來我們四個走到哈克思披薩店吃披薩。

　　那個夏天，里察替費城的一個搖滾樂團擔任巡迴演出的經理，我則在家鄉的乳品店打工，負責在浸信會做完週日禮拜後舀出二十八種口味的乳製品給信徒享用。我們兩人就透過瘋狂寫信來聯繫：真正的信，因

> 誰都不當，只當自己——在這個日日夜夜，努力逼迫我們當別人的世界裡——意味著要去打一場最艱難的硬仗，並且永遠拼鬥下去。
> ——康明斯（e. e. cummings），美國現代詩人

為那時還沒有電子郵件。我們的甜蜜期盼在魚雁往返中傳遞，藉由書信具體訴說我們的思緒，以及在摺信、攤信、讀信，反覆讀不倦中溢出的滿足情愫。

下學年開始，我和里察也展開新人生。時值一九七八年。世界在我們面前展開，正如鋪開的地毯。這條似乎未曾為誰展開過的地毯初次在我們面前鋪出一條光明璀璨的路，好讓我們迎向未來。他風趣、有愛心、勇健強壯。我們的人生旅程充滿光明，眼前充滿令人興奮的可能性。

我把里察的事告訴父母，他們替我高興，畢竟他是一個這麼聰明！這麼周到！這麼體貼的男孩！終於，他們說要看他的照片。我把照片放在餐桌上後，見到了預期之外的表情。我立刻清楚地感受到一種困惑，就像你去到另一個文化，做了你自以為聰明的事，卻從別人的反應發現你所做的事竟像對某人的嬌小阿嬤說出 F 開頭的髒話。

我一度休學，去做所能找到的唯一工作——在高點路的溫蒂漢堡當漢堡主廚。結果他們雇用我不止是因為我聰明絕頂，更因為我有一頭看起來很像他們吉祥物溫蒂女孩的紅頭髮。我被叫去各種場合當溫蒂的化身，包括慈善義賣和加油啦啦隊。

我把頭髮紮成兩條，穿著衣袖蓬鬆的藍白色洋裝，到四季購物商場的溜冰活動中替癌症研究籌募經費。另外，我可能得補充一點，吃素的我去當漢堡主廚，實在挺諷刺。

在漢堡演藝生涯和離鄉背井的放逐日子中，我父親去世了，當年我二十歲。

> 我們要為還沒被註記為貧窮的男男女女奮鬥。
> ——羅伯特·古爾德·簫（Robert Gould Shaw），美國內戰時期的軍官

我的人生怎麼會出現這種逆轉?只因為里察的膚色是黑色。嗯,更正確來說,應該是薑汁蜂蜜色,不過這會兒不是具體描述膚色的時候。就在我的父母被他的膚色嚇一大跳時,我也因他們的反應而震驚不已。我這輩子在教會長大,成天聽到「上帝愛所有孩子」這種話,絲毫沒想到這番訊息會有如此明顯的漏洞、免責條款、買斷交易、內線交易、情有可原的狀況、法律面的爭執,以及滿口的 **yes**,但實際上只有**部分**的平等公式行得通。

毋庸置疑,我父母是其成長時空下的產物。當我和里察生活在北卡羅萊納州陽光普照的格林

> 常識就是活到十八歲所累積的各種偏見。
> ——愛因斯坦(Albert Einstein)

斯博羅時,「黑鬼情人」的流言蜚語朝我們投擲過來。我們甚至被吐口水。畢竟那是三十年前,當時白人至上的三K黨橫行市區,甚至敢在大街上公然開槍。

我父母當時也只是採取他們特殊的保護政策,身為母親的我現在終於能了解這一點。我知道這是一種真實單純的愛,但坦白說,他們也不想在小鎮上被人指指點點。我現在明白了,也可以坦然接受,但我知道這對里察造成的衝擊。他們甚至連他的面都沒見過。被抹去人性、被閃躲、被評斷、被抹去、被漠視、被排除、被憎恨,就是未曾被了解。

這是我第一次面對公然的種族歧視,近距離的親身經歷。截至目前為止,這應該是我遇過的種族歧視中,最最狡詐、隱形、地下、危險的那一種。活在這種歧視、漠視和恐懼會讓人,變得扭曲,所以我才要做現在正在做的這些事情。

就跟許許多多的大學情侶一樣,幾年後里察和我的人生軌道開始岔開,我們決定分手。對跨種族戀情來說,這樣的結局當然讓彼此的人生好走一些,或者並非如此。十年前,德州賈斯佩市(Jasper)有個叫詹姆士‧拜爾德(James Byrd)的黑人被綁在小貨車後方拖行,他拼命想把頭顱抬離人行道,但最後還是用力撞上路邊,頭顱被活生生截斷。在仍可能發生這種事的世界裡,人類還沒走到我們願意相信的文明階段。

> 生命中沒有什麼好怕的，只有
> 需要被了解的。
> ——居禮夫人（Madame Curie）

在我們穿木屐首次相見的三十年後，有一天里察寄了一籃小東西給我，裡頭有我們在一起時的物品、信件，我們共同的小旅行，兩人歡笑的照片，以及一對我因念研究所搬家所遺忘的小鑽石耳環（小到我根本忘了它們）。他在信裡寫道，他現在戴著這種耳環，因為他變成了艾曼達。他知道自己想當個女人，所以去做了變性手術。對我來說，這對耳環把三十年前起源於種族鴻溝的惡性循環做了了結。

新的膚淺評斷和控訴正等著我這位朋友，而我也將面臨全新複雜的學習過程。我們這個文化不輕易允許模糊性存在，我們看事情，非黑即白（這句話其實是雙關語）。如果有人的外表身軀就是不符合真正的他們呢？這社會有一套斬釘截鐵的強烈規範——男寶寶蓋藍色毯子，女寶寶蓋粉紅色毯子，女生玩洋娃娃，男生耍劍，女生可以流淚，男生要沉默堅忍？艾曼達即將面臨的人生旅程反應了里察的心路歷程，他所處的社會有一套斬釘截鐵的強烈規範，只看表面不看內在。

我這位朋友追尋自我的兩段歷程，可說是全世界最難跋涉的路徑。在這個世界裡，我們不停地繞著種族和性別議題發問：「你是什麼？」

在艾曼達跟我吐露她追尋真正自我的過程後，我開始深入研究跨性別的議題。有一天，九歲的大女兒問我，我在做什麼。我跟她解釋，並提到這社會對「正常」的強調既複雜難解又令人迷惑。她聽了很久，一臉憂愁，終於問了我們都該問的問題：「誰可以決定正常是什麼？」

> 如果真神要我們都一樣，那祂
> 就應該把我們創造得都一樣。
> ——可蘭經

三十七天：即知即行的挑戰

　　牢記里察，牢記拼死救自己命的詹姆士·拜爾德，牢記許許多多跟他們一樣的人。盡你所能設法對抗種族歧視。利用你的聲音，抬起你的頭，迎向這項任務。每天都這麼做。並且牢記艾曼達，以及許多跟她一樣的人。閱讀跨性別議題的讀物，哪天遇到跨性別者，你就有充分的資訊對他們表達支持。再次思考你對正常的定義，以及這些定義如何以細微的方式（或許沒那麼細微）讓你排斥他人、論斷別人。誰有資格決定正常是什麼？無知孕育恐懼，恐懼孕育逃避，逃避孕育誤解，誤解孕育刻板印象，刻板印象孕育偏見，偏見孕育仇恨，仇恨孕育暴力。請停止這種惡性循環。

行動：

不用你平常寫字的手，改用那隻非慣用的手拿起筆，開始專注的自由書寫。

- 快！先寫完的人贏！用那隻非慣用手（以歪七扭八的字跡）寫出下面這個句子：我以非慣用的那隻手寫下這個句子。

- 如何？覺得很挫折？如果有人以這種字體來論斷你呢？什麼？你說不公平？

- 現在把筆換到慣用那隻手，花六分鐘寫下你成為弱勢的經驗：或許在某個聚會中，你屬於少數種族，或者在一群男士當中妳是唯一的女性，或者在一群肉食者當中只有你吃素，或者在滿是說日語的公車乘客當中，只有你的母語是英語。這會是什麼樣的情景？它對你造成什麼樣的衝擊？你是怎麼感覺到被人論斷？在這種狀況下，你

會改變你存在於這個世界的方式嗎？你會因此表現得更低調，更安靜嗎？

如果你從未有過成為弱勢的經驗也不錯。請寫寫如何可以得到這種經驗——去猶太會堂或天主教教會做禮拜，或者去看一場以非裔美籍或者其他文化為訴求對象的電影？寫完後擬定計畫去進行其中一項。

進擊：

接下來三十七天，每天都做一些讓你跳脫「正常」的事情。

· 如果你平常聽古典音樂，就改聽嘻哈（我最喜歡的是奧勒岡州波特蘭市的「飢餓暴民」樂團（Hungry Mob）底下的藝人 Mic Crenshaw）

· 去看你認為你通常不會看的電影。

· 讀一讀你平常不會拿起來的雜誌。

· 閱讀珍妮佛・芬妮・波洋（Jennifer Finney Boyan）的《她不在那裡》（*She's Not There*）或者葛傑密（Jamison Green）的《成為真正的男人》（*Becoming a Visible Man*），以了解跨性別者的內心世界。

· 閱讀唐恩・普林斯・修（Dawn Prince-Hughes）的《猩猩國度之歌》（*Songs of the Gorilla Nation*）以了解自閉症者。

· 如果你是白人，就去黑人的理髮店剪髮。

· 以恭敬的方式詢問你見到的不同事物，利用這種開場白：**請幫助我了解**……比如，請幫助我了解你戴的那種頭巾。請幫助我了解

你對〔主題任選〕的信念。**請幫助我了解這樣的措詞意味著渴望獲得某種東西，某種更深層，超越論斷，甚至超越好奇的東西。**體驗別人的世界並不代表你要同意或採行他們的生活方式，但這的確意味著敞開心胸去了解別人。試著連續三十七天都懷抱恭敬的好奇心。

雕塑你的泥巴球

吉州青原惟信禪師，上堂：「老僧三十年前未參禪時，見山是山，見水是水，及至後來，親見知識，有箇入處，見山不是山，見水不是水，而今得箇休歇處，依前見山祇是山，見水祇是水。」──禪宗典籍《五燈會元》卷十七

《藝術與恐懼》這本書裡提過一個故事，有個陶藝老師告訴學生，班上一半的人是以作品的**重量**來評分，他甚至拿磅秤來秤，依照重量來打分數，比如五十磅的作品可以得到Ａ。另一半的學生則以其作品的品質來評分，而且他們只能創造一件陶藝品──最完美的一件──這樣才能得到Ａ。

作者說：「結果最棒的作品是那群依照重量來被評分的學生所創作出來的……當他們忙著粗濫地堆疊出作品的重量，但也同時從錯誤中學習時，以品質來打分數的那群學生卻坐在那裡構思怎樣才是最完美的作品，於是前者最後呈現出來的只有浮誇理論和一堆死黏土，幾乎看不見其努力的成果。」

同樣地，我也在會議裡見到這個陶藝班比喻的真諦。有些演講者說起話來頭頭是道、行雲流水、四平八穩，顯然充分練習過，對任何問題都能提出專家般犀利的答案。**他們不會讓自己承擔太多風險，但終究也無法給出太多東西。**他們太戰戰兢兢監督自己，就為了創作出完美的陶

藝品。而其他類型的講者則盡可能從聽眾當中學習，他們給予但也接受，順應當時會議室裡的氛圍。他們不一定期望見到這種氛圍，也不一定打算對抗，只是碰巧激盪出這種洞見，並且承認這種洞見的存在。他們和聽眾一起創造出意義。他們專注在主題上，創作出許多陶藝品，並且帶著我一起參與這過程，讓我在其中見到我自己。

> 如果每次的摩擦都讓你惱怒，你要怎樣被琢磨出亮度？
> ——魯米（Rumi），十三世紀波斯詩人

從我授課的班級裡，我見到學生試圖操控他們的恐懼，害怕自己會顯得愚蠢。我也看見他們不想承認自己不懂，想要能掌控、什麼都懂，永遠有正確答案，能說出老師想聽到的話，想專注在「那裡」而非「這裡」的某些東西，想獲得A的評價。他們離開時，並沒因為新知識或新洞見的激盪而產生什麼改變。

萬一沒有正確答案，只有泥巴球呢？

光る泥だんご（磨亮的泥巴球）大師布魯斯・加德納（Bruce Gardner）用來塗抹在泥巴球上的細沙很細緻，經由微細的網篩所篩揀過，就像隱形玻璃片般毫無瑕疵。他握了一把細沙放在泥巴球上，慢慢鬆手讓細沙灑在上面，一方面增加表面積，同時把泥巴球磨得更有光澤。這些完工的五吋球體表面濕涼，散發出一種宇宙基本元素的滿足感，並流露著泥土、耐心與呵護所交融的美。這種作品必須花時間慢慢琢磨，無法一次到位。一個個泥球完成後看起來就像發亮的大理石球，他將它們放在黑色鍛鐵打造的展示座上。

> 好長一段時間，我總以為生活就要展開了——真正的生活。結果卻總有障礙橫阻，總有該先解決的事、還沒完成的工作、該花但還沒花的時間、該還但未還的債。我總以為處理完這些，生活才能真正開始，但最後我才明白，原來這些障礙就是我的生活。
> ——艾佛烈德・德索薩（Alfred D'Souza）

加德納利用簡單常見的乾淨沙土，細心琢磨成美麗而且出奇

滑順的圓球體，創造出磨亮的泥巴球。他的工夫爐火純青，但這是經過無數次嘗試才練就而成。「手捧著泥巴時，就算初次的嘗試粗糙扭曲，對我來說也是彌足珍貴的經驗。」加德納寫道，「這種難以理解的依附感覺正是泥巴球這門藝術之所以特殊的主因。這些源自於卑賤材料的東西竟然能透過一次又一次的琢磨，變成幾近完美的呈現，想到這點我就震懾不已。」

日本的孩童著迷這種泥巴球，或者該說幾年前很盛行，那時大家一窩風地創作磨亮的泥巴球。京都教育大學研究孩童遊戲的心理學教授加用文男正是這股風潮的引領者。一九九九年他首次在京都的幼稚園接觸到泥巴球，之後歷經兩百次失敗的實驗，並使用電子顯微鏡來進行分析後，他終於設計出一套方法讓每個孩子都能學習。孩童花了數小時創作琢磨手中的泥巴球，**漸漸地對它產生依戀，寶貝珍惜它，即使它不完美，也沒發出閃耀光澤。**

泥巴球的樂趣有兩方面，一方面是隨著創作而來的純然喜悅。在創作的時刻，我們有時可以達到那種冥想奇妙的境界。另一方面的樂趣來自於創造出一個最有光澤的泥巴球的願景。

生命的琢磨也是如此。我們避之唯恐不及的淤泥，被我們否認隱藏的塵土製造了生命的地貌，有峽谷、有山峰。沮喪、失落、不公平的感覺、被當掉的成績、三角函數、帶著恐懼、憎恨或急迫的情緒所寄出的電子郵件，以及我們遇見與自己不同的人時的相處方式，這些都是我們生命的泥土。這些泥土形塑我們，把我們琢磨得閃閃發亮，讓我們變得更美麗、更有能量、更機靈、更有持續力。我們何不把生命視為磨亮的泥巴球，緩緩地旋轉自己，接受細沙的洗禮，讓它均勻地落在我們身上，以成就我們自身這件藝術品。細粒可以琢磨我們的生命，激盪出藝術的可能性。

> 「唯有完美」這種格言或許該被解讀成「麻木不仁」。
> ——邱吉爾（Winston Churchill），英國前首相

　　別追求完美。把東西搞亂，做個泥巴球。愛你所創作出來的東西，即使它不閃亮，即使它有裂痕，就跟一堆髒黏土沒兩樣。別怕被細沙澆淋，因為細沙能讓我們生命的泥巴球更加耀眼。（對了，你可以在這個網站 www.dorodango.com 欣賞布魯斯‧加德納所創作的美麗光る泥だんご。）

行動：

俳句是日本一種詩體形式，通常有三行，第一行有五個音節，第二個七個，第三行五個。比方我所寫的這首迷你書評，關於上述提到的《藝術與恐懼》。

> 誰阻止作者？
> 是對他人的恐懼？
> 或恐懼自己？

- 花四分鐘，以失敗為主題來寫俳句，寫得愈多愈好。
- 再花四分鐘，還是以俳句為形式，寫出關於完美的詩句。
- 花兩分鐘，以俳句形式寫出泥土之美。
- 讀讀你所寫的東西。失敗也可以很美嗎？

　　　　去愛發生在你生命的裡每件事情。

　　　　　　——保羅‧坎特魯波（Paul Cantalupo）

> **進擊：**
>
> 　　挑選一種藝術形式，每天創作出一件作品，連續進行三十七天。你可以寫詩或俳句，做美術拼貼，練書法，畫一張兩吋正方的畫，編織一塊正方形的布，畫張小油畫，或者插花。連續三十七天，每天都進行同一種藝術創作。把焦點放在量而非質上。這種重複創作和習慣最後會有何成果？

跟亞隆打招呼

論斷他人是一件寂寞的事，因為在論斷的過程中，即使多麼靠近內陸，你還是成了一座孤島。
——艾貝·福塔斯（Abe Fortas），已故的美國最高法院大法官

　　幾年前我搭上一架改變人生的班機。現在我知道當我登上那架飛機時，我正準備遠離原來的我，成為新的我，不過當時我只以為我要去紐澤西州的帕西佩尼（Parsippany）。

　　那次我絲毫沒有在機上閒聊的興致，所以暗自希望我旁邊的乘客能閉上嘴巴，埋首於機上雜誌，全神貫注著著空中商場目錄裡可愛的小玩意兒，或者目不轉睛觀賞某些蠢電影，比如史帝夫·馬汀飾演新娘父親的那部，或者珍妮佛·羅培茲飾演婚禮策畫師的那齣。我只想安安靜靜地坐著。我好痛恨這趟旅程，我根本不想到紐澤西，我只想回家。

　　坐在我旁邊的是個體型壯碩的男人，一張臉大得不像話，肥肚腩幾乎塞不進在大峽谷買的過小 T 恤，反而橫溢過扶手，懸在我位於半空中的不動產，也就是編號 12B 的位置上。

　　太好啦，真是太好啦。我戴上成熟事故的面具，打開我的書。這本德文書是里爾克所寫的詩集，裡頭旁徵博引。我通常會把書放在手提行李中，以便應付這種不時之需。通常一拿出這本書，就可以當場嚇阻對

方。

但這次不奏效。

大峽谷先生不停地用他原本放在地上、以兩腳夾住、後來擱上大腿、又放在地上的那只塑膠袋來發動攻擊。聲音震耳欲聾，彷彿天地間所有的轟隆聲全從那只塑膠袋發出來。它的聲響大到難以測量，大到我的耳朵完全聽不見其他聲音。他的每個動作都惹到我，我升起熊熊怒火。

忽然，毫無先兆，他的大腿上冒出砰的巨響。一包他用力拍開的家庭號蝴蝶餅就這麼塞到我面前，我嚇得說不出話，只能用力搖頭拒絕他，然後埋回我的里爾克。

> Wie soll ich meine Seele halten, daß
> sie nicht an deine r hrt? Wie soll ich sie
> hinheben ber dich zu andern Dingen?

對，對，**你的靈魂屬於我**，就把你那雙大到出奇的手和蝴蝶餅留在 12 A 的座位吧。

> Ach gerne möcht ich sie bei irgendwas
> Verlorenem im Dunkel unterbringen
> an einer fremden stillen Stelle, die
> nicht weiterschwingt, wenn deine Tiefen schwingen.

我要如何把持住我的靈魂，免得碰觸到你的靈魂。真的嗎？里爾克寫這首詩時，他大概不是在一切都會相互碰觸的飛機上吧。**我要如何輕輕把它舉越過你，放到其他東西上？我好想把它連同其他在黑暗中消失甚久的東西放到某個靜謐、無人知曉的地方，沉放在那裡一動也不動，即使你的內心深處隆隆迴響。**

對，里爾克，就是這樣——只要能在我自己的 12B 座位上有個呼吸、放倒的小空間，我就心滿意足。

穿越雲層時，艙內變得昏暗，忽然，巨大的塑膠袋大峽谷蝴蝶餅先生伸手過來幫我打開閱讀燈，但仍沒開口說話。或許他是啞巴。他看起來很像來自阿留申群島的巨人。巨大的阿留申啞巴，真是太棒了。經過這冗長的一天，我真的需要好好獨處，不想跟任何人有交集。難道巨大的塑膠袋大峽谷啞巴阿留申蝴蝶餅先生看不出這點嗎？

> 恐懼讓可能成為朋友的人變成陌生人。
> ——莎莉·麥克琳（Shirley MacLaine，美國女星）

我點點頭，還擠出笑容，感謝他紳士的侵犯舉動。接著，我忽然想到，我才剛對一萬兩千人發表演講，高談闊論說我們不該以貌取人。

在啜飲兩口血腥瑪麗雞尾酒的空檔，我決定要友善一點，要重拾我的人性，努力——親愛的上帝啊——彌補我種下的孽障。巨大的塑膠袋大峽谷啞巴阿留申蝴蝶餅先生拿出柯達拋棄式相機，想往窗外拍照，我挪了挪位置讓他拍。

> 有時我們會遇到一些人，完美的陌生人，不知為何，忽然間，就在剎那，甚至在還未交談，第一眼就被吸引。
> ——杜斯妥也夫斯基（Fyodor Dostoevsky），俄國文豪

「你在拍什麼？」我以緩慢洪亮、仔細咬字的聲音問道，有時和母語非英語的人說話我就會用這種語調。

「我們以色列沒有這樣的大河。」他以彆腳的英文緩慢回答，帶著悅耳的以色列腔。我有個很要好的聰明朋友就是來自以色列。我轉身面向這難以置信的美妙聲音說：「你來自以色列的哪裡？」就這樣，我們開始一段多年後仍延續至今的友誼。

亞隆在以色列的渡假小鎮尼坦雅（Netanya）當警察，他和警察同事存了五年的錢，準備赴美遊玩，但對方的祖母在出發前一週過世，所以

他只能自己來。雖然對自己的英語沒信心，而且第一次赴美，不過他還是一個人把美國玩透透，即使經常得到我原本的那種冷漠回應。他從以色列帶了警徽，想跟美國各地的警察交換。我到現在仍會跟遇到的警察交換警徽，然後寄到以色列給他收藏。

「這三個禮拜我遊遍美國各地。」他告訴我，「我在洛杉磯租了一輛小車，開到大峽谷。」他兩隻巨大的手掌靠得很近，比劃出他那輛便宜房車的駕駛座有多小。「當你站在大峽谷邊緣，你會很想轉身跟旁邊的人說，**快看，看看那個。**」

「可是我沒人可以說。」

「我去佛州的迪士尼樂園，結果錄影機壞了，我忍不住在大街上哭了起來。」有個工作人員看到了，給我這個小的紙相機，好讓我在樂園裡能拍照。可是妳知道嗎？」他說，雙眼直視著我，「那不一樣。親眼看到一片麥田在微風中飄動，跟看著麥田的照片截然不同，對吧？」

我頓時發現，眼前這位先生的警察軀體底下藏著詩人的靈魂。

「對，」我回答，「非常不同。」

我們一路聊到紐華克機場。原來這是亞隆在美國的最後一晚，而我就坐在他旁邊。他將從機場搭市區巴士去找住在紐澤西州某處的某個遠親，隔天飛回以色列。

降落後，我找不到客戶幫我安排的車和司機，結果又因禍得福。亞隆和我到機場咖啡廳聊天，長達數小時。他告訴我，他的婚禮前三天，未婚妻到市場購物，返家途中被卡車撞死。說到這裡時，他那如香腸粗大的手指緩緩移到眼睛下方按著，久久不放，彷彿手指就像阻河圓木，可以阻止盈眶的淚水滑落。他還提到他兼差做設計；「妳得看看這個！」他說，手伸入腳邊那些行李袋的其中一只翻找，「很美唷！」一想到要找的那個東西，他的整張大臉就樂得發亮起來。

他找了好一會兒。「我問經理可不可以留著它，因為我從沒

> 我確實希望我們最好仍是陌生人。
> ——莎士比亞（William Shakespeare）

見過這種東西！」他興奮地說。終於，他坐挺，巨大的雙手捧著連鎖家庭式餐廳 Shoney 的小菜單。「很美吧？」他問我，「看看這顏色！」

亞隆打算乘坐市區巴士到目的地，我可不能讓他在美國的旅程以這種方式結束。「跟我來，」我說：「我們一起搭計程車，我送你到你親戚家。」

我拉起我那只名牌登機箱，擺出幹練俐落、經驗老道、老娘是來出差所以別煩我的姿態，走向第一輛排班計程車裡那位大概有一百一十歲的老司機，而亞隆則大包小包扛著大行李和塑膠袋跟在一旁。老司機阻止我們，「喔，不行，小姐，你們需要兩輛，因為你們要去的是相反方向。」

「嗯，」我回他，「我們先去他要去的地方，然後再折返到我要去的地方。」

「不行，小姐，這樣可能會花妳一百五十美元以上，你們真的需要叫兩輛。」

「我很感激你想幫我省錢，可是我們就是要一起走。」我說，堅持要把亞隆和他的行李及那張 Shoney 餐廳的菜單一起安全送到目的地。一想到他拖著大包小包搭巴士，不知道該在哪裡下車，而且在路線彼端還可能見不到親戚，我就無法忍受。反正不能這麼做。我可不想在他的心裡留下這種美國印象，這男人值得受到更好的待遇。

在前往他親戚家的途中，我們迷路很多次，所以有更多時間交談。亞隆下車時，他親戚站在門口，滿臉狐疑地向他揮手，然後計程車回頭駛向我的目的地帕西佩尼。

> 我一直仰賴陌生人的善意。
> ——田納西・威廉斯（Tennessee Williams），出自《欲望街車》的臺詞。

隔天早上亞隆來電，祝我演講順利。之後每年聖誕夜，他都會從以色列打電話來，他還記得聖誕老人所有麋鹿的名字，即使聖誕節不是他的節慶傳統。新年前夕他也會忍著不睡，等著跨年的剎那來電祝賀。他發現約翰的祖母娜娜是虔誠天主教徒，就特地去約旦河取聖水寄來給我

們，要我們轉贈給她。

「為了讓你們知道這水不是我從家裡浴室取的，我錄了一段在約旦河取水的過程。」他說。

果不其然，聖水連同錄影帶一起寄到。影片裡的他開車前往約旦河的同時也在錄影。他還拍攝了「約旦河」的路標，接著是攝影機放在岩石上的晃動畫面，然後是亞隆跑到鏡頭前方，手裡拿著芬達汽水的空瓶，彎腰舀取聖水。

如果當初我沒跟他攀談，我會錯失些什麼呀？

三十七天：即知即行的挑戰

跟亞隆打招呼。你永遠不知道何時你會成為別人旅程的高潮，成為別人需要的一句話，或者特殊的善意。你永遠不知道何時你會認識你需要的朋友，或者學到改變你的一課。對方不是巨大的塑膠袋大峽谷啞巴阿留申蝴蝶餅先生，而是一個有名有姓，有個人歷史和故事，會哭會笑的人。他是人類，和我一樣，不是某種東西。

行動：

- 花五分鐘畫出你童年所居住的房子。這個房子最能讓你聯想起童年。盡可能鉅細靡遺地描繪出來。

- 畫好後找個人跟你去那間房子繞個五分鐘，或者，如果只有你一人，就帶著藍圖，邊走邊說，彷彿旁邊有人。

- 你說出了什麼樣的故事？在這間房子裡學到什麼功課？

房子草圖只是媒介，用來讓我們明白我們就跟所有人一樣，是由故事所構成。飛機上坐在你旁邊的那個人呢？他也一樣。

進擊：

　　亞隆無所不在。在星巴克咖啡館，他可能就排在你前面。他可能在超商櫃臺幫你結帳，他也可能是午餐時坐在我們隔壁桌那個大聲嚼食物的傢伙。未來三十七天，每天都去留意什麼因素讓你不想跟其他人打交道。他們的回應會讓你害怕？在某方面他們會嚇到你？你太累或太忙？我們若不是走向別人，就是遠離別人。記下你得跟陌生人見面的機會，也記下你之所以不跟他們見面的原因。透過這種觀察或許可以找出模式。你永遠不會知道錯失了什麼？

你說在這種時候
你會被迫跪下雙膝
環顧四周，憂傷地想著有何平靜可言
你承諾自己，
你會致力於打造善良的世界
現在回首，你納悶自己打造了什麼樣的善良

失落的希望和暴力觀點
都不能抹去你所行的善

沒有什麼比得上黑夜的黑
但也沒有什麼像光亮一樣堅強
你有這些選擇：讓它焚盡，或者，大放光明
在這個恐懼和暴力
已掩埋靜默源頭的世界
你能否認世界仍像你一樣需要亮光嗎

急速的節奏和憔悴的身形
抹不去你行過的所有善

如果有人在他所經之路的每件事物
留下憤怒
那你要拿取財富，將他的垃圾留在身後
你能平靜、能自傲嗎
最終你會相信
沒人需要對抗，因為我們的內在都一樣。

所以回家休息吧
關於愛還有好多哩路要走，好多難關要過
萬一到頭來發現答案就在我們遺留的東西裡呢？

幽暗之地、債務虧欠、辱罵傷害
都不能抹去你行過的所有善

──克莉絲汀‧肯恩（Christine Kane，美國當代民謠歌手），
選自其專輯《就這麼忽然冒出來》（*Right Outta Nowhere*）裡的歌曲
「你行過的善」（*The Good You Do*）

第五章

正直：發表意見

我們若要真正誠實地面對自己，就必須承認真正屬於我們的就是我們的生命，所以，我們使用生命的方式就決定了我們是哪一種人。
——凱薩‧查維斯（César Chávez，墨西哥裔的美國勞工運動人士）

「妳好嗎？」我進入她的辦公室時，她這麼問我。

「還好。」我說。

她默默坐著，直盯著我。

「好吧，有點疲憊。」我的針灸師漢娜比任何人更有辦法從沉默中追查出真相。

那時我正氣得要命，因為我認為某件事上我是對的。我開始詳述，她聆聽，聽了一會兒後，她說：「妳躺到檯子上，我們可以一邊聊。」

於是我趴在診療檯上，身上蓋著被單，她抓起我的手，量我的脈搏。停下來。

「派蒂，妳認為，為什麼妳會這麼執著妳對某事的看法正確？」她問我。

傻眼。

為什麼我這麼執著於自己是對的？噢，我不知道。這問題像迎面刺過來的利器，不過，或許——

因為我的確是對的？

「因為我很清楚我是對的。」我說：「妳看不出來我是對的嗎？我不可能說錯！」

「為什麼對妳來說，正確很重要？」她問。

傻眼。

「我在想，如果妳放棄心中那種必須確定是自己是對的需求，情況會如何？」

糟糕，她這四道問題的力道就多過我一輩子所做的努力。

一會兒後她又開口，「在佛教裡，執著是痛苦的根源。」

> 我們不能只為自己而活，我們與他人息息相關；譬如同情，我們的行動是結果，而結果則會產生效應。
> ——赫曼‧梅維爾（Herman Melville），美國文學家

這個道理我懂，畢竟我在斯里蘭卡當交換學生時就是住在佛教家庭裡，而且還跟和尚一起念過經。我覺得自己對很多事情都不執著，我沒想買新車，沒想買安靜無聲的垃圾壓縮器或零度以下的冰箱，以及 iPhone 手機（雖然 iPhone 真的很讚。）

「還有，」她說：「或許妳沒有很執著於物質，但妳執著於自己沒錯，這也是一種執著。這種執著會讓妳痛苦。」

這點我從不知道，但那一刻，就在那樣的陽光下，在那個小房間的診療檯，一切變得清楚瞭然。**我對我是正確的執著，就像對於正確的貪欲。**我讓「我是對的」這件事變得具體歷歷，就像織品大師查德‧愛莉絲‧海郡（Chad Alice Hagen）的毛氈圍巾，或者珍‧伏歐西斯（Jane Voorhees）的水彩畫，或者莉莎‧費德勒（Lisa Fidler）的手鐲，或者以色列特拉維夫市埃雅納渡假酒店裡所賣的項鍊。

「有一種執著的比喻或許有幫助。」她解釋，「據說，我們應該想

像自己全身光溜溜地坐在一片荊棘叢上。妳可以想見，每次我們移動身體，想伸手拿什麼東西，」她同時伸手示範給我看，「我們的四肢就會更往下陷入荊棘叢裡。」

我靜靜聽著，一動也不動。

「或許，讓妳痛苦的不是情境本身，而是妳緊握著一個念頭不放，妳認為自己是對的。」我的針灸師兼人生導師說。

正如波斯詩人魯米所言，在對錯之間有個區域可以讓我們坦誠以見。隔著這區域相互叫囂只會讓我們嗓子嘶啞，所以，何不相互往中間區域挪幾步？就算我們絕對正確——比如有人以種族歧視的言語詆毀你——也必須找到更好的方式跟別人溝處，而非跟他們疏離。更重要的是，意見相左正是學習的契機。

在最近的一堂課中，我教學生把幽默和戲劇當成文化交流的工具，大家開始討論起某些故意揶揄他人的幽默方式，比如我丈夫被迫要忍受的波蘭人笑話，或者奚落金髮者、種族主義者或同性戀的笑話。遇到這種幽默，我們該怎麼處理？我們承擔何種責任，必須出言制止？在挺身而出時又會遇到什麼樣的困難？

這堂課的成員舉出幾種例子，可以不出言反擊此幽默，甚至化干戈為玉帛，大家你一言我一語熱烈討論，最後有個叫依瑟兒‧路易的女性提供她所用的方法給大家。

「這技巧是從一位朋友身上學到的，」她說：「效果很好，有人拿某群人當笑柄時，就可以用這種技巧來應付。」

「若發生這種狀況，」她繼續說：「我通常簡單地說：『你的話不是真理。』這種技巧幫助我誠實說出我的反應，讓我以自己為傲，有意願並自覺有責任表達我的反應，幫助我說出我的真話。」大家都被如此美好的一句話給震懾了：**你的話不是真理。**

選擇正直，代表你必須設法說出你的看法，這樣一來就能榮耀你的存在、別人的存在，以及你願意在對錯之間的灰色地帶與人溝通的意願。有時，這並不容易做到。

選擇正直，發表意見，但不執著於「正確」。站得挺直，但願意屈身與他人站在同一視野。不追問他們為什麼不做更多，而是去問為什麼我們不做更多？為什麼我不做更多？去做點什麼吧，發揮你的最大影響力。

展現出你所做的事會產生不同結果的態度，那麼，結果就會真的會不同。
——威廉‧詹姆士（William James，美國哲學家）

給別人留面子

我們的尊嚴不在於我們做了什麼，而在於我們了解什麼。
——喬治‧桑塔耶納（George Santayana），西班牙裔的美籍哲學家

我在念中學時，得到夢想中的打工機會。

摩剛頓地區博基郡（Morganton-Burke）公立圖書館的主任巴娜特小姐看著我長大。小時候我每個禮拜六都會去圖書館，借同一本書，一年又一年。

甚至在我長大到可以在腋下夾著那本被我翻爛的書，自己將它放入**還書匣**裡，然後站得挺直，等著手臂削瘦的圖書館員露絲‧塞澤幫我辦妥還書手續，拿出那張被油墨沾污的還書日期卡，然後闔上書皮，接著，再伸出她那隻瘦到不能再瘦的纖長手臂，這時，她的掌心就有我最珍愛的那本書。我會抓住它，跑回兒童閱覽區，等媽媽帶我回家。在我們離開之前，我又會將書還回去，回到它所屬的地方。

有個週六，巴娜特小姐把我叫到櫃臺前。對我來說那裡是一座駭人的堡壘。其他圖書館員聚在一起聊天。她對我微笑，遞給我一包東西。「現在，」她甜美地說：「我們希望妳把《長襪子皮皮的冒險》（*The Adventures of Pippi Longstocking*）留在這裡，好讓其他孩子也能讀到。而這本書專屬於妳，妳可以帶回家看。」

我本身擁有一頭散亂的紅髮，是個滿臉雀斑的女孩，所以對我來說皮皮就像女神，是我的化身，我的女英雄。

我十五歲時，巴娜特小姐讓我有機會在櫃臺打工。小時候每個週六我都會在這座巨船前面徘徊，**能跟這些書籍為伍，真是太開心了**。迄今我仍聽得見二號推車穿梭在書架間，輪子轉動所發出的聲音。我迷失在書海世界裡，隨便抽出一本書就能解開並展露如此多的驚奇。實在太神奇了。

直到那天，靜謐的神奇世界被一個用力關上索引卡抽屜，踩步到櫃臺的憤怒女人給粉碎。在摩剛頓地區博基郡公立圖書館，

> 教導眾生三重人性真理：慷慨心、仁慈語、懷抱服務與熱情，此三重真理可恢復人性。
> ——佛陀

這種畫面很不尋常，因為這裡似乎沒有太多糟糕的事情好讓人生氣。自從上次那個在連鎖速食店 Hardee's 工作的男人被抓到在男廁喝含有酒精成分的刮鬍水之後，就不曾出現這種喧譁場面。

「我真不敢相信，」她咆哮，「這間圖書館竟然沒有心理學的書籍！太扯了！你們怎麼敢說這是圖書館！」她的聲音在預定書的架子上迴盪。我身為當時唯一的館員，勢必有責任回應她。

我其實怕得要命。

「我有把心理學的書籍上架，所以——」我開始應對。

「真的啊！」她打斷我的話，「可是索引目錄裡一本都沒有——沒有，完全沒有！太扯了！這裡都沒大人嗎？」

「他們正在開會，」我嚇得低聲囁嚅，「請讓我幫忙。」

她聽了之後踩步走回索引目錄區，我像個小媳婦乖乖跟在她身後。皮皮一定不會這樣的。「請問妳剛剛找的是哪個抽屜？」我問她。

「嗯，小姐，妳以為我找的是哪一區？」她邊回答，邊拉開索引卡的櫃子，用力之猛害它差點整個掉下來。

她打開的那個抽屜，是 S 開頭的字母。

我突然明白了，一陣熱潮擴散在我臉上，原來她以為心理學（psychology）的第一個字母是 S。

「嗯，」半晌後我淡淡地告訴她，「或許我們該試試另一種拼法，有時這招管用。」我輕輕地走過她身邊，到 P 開頭的抽屜前。

我不知道我怎會曉得該這麼做，但迄今我仍驕傲當時我是這樣處理的。幫對方保留面子，保持尊嚴。這點非常重要，即使（或許更因為）她剛剛斥責我。

數十年後，有天我在華府的巨食超市排隊等著結帳，前方有個婦女買了少少幾樣基本食物，包括我所見過最便宜、最油膩的肉。

當結帳員快刷完那婦女採購的八樣物品時，她緊張地追問多少錢，同時手忙腳亂地在零錢包裡翻找。最後她發現那包肉讓這趟輸送帶有了悲哀的結局，收銀機打出了她付不起的數目。缺了一點零七美元。**她的眼睛流露出我從未見過的哀傷神情，便告訴結帳員把肉放回去。**我無法讓這種事發生。「不好意思，小姐，」我彎腰，在我的推車和口香糖架子之間假裝撿起某個東西，「這張五元紙鈔一定是妳掉的。」

我曾讀過有個千萬富翁會假裝在街上撿到錢，把錢給需要的人，說是他們掉的。對他來說這種方式可以讓他在行善時不會顯得自己是個滿袋現金的高調善人，也不會藉此沽名釣譽。

這種作法讓行善助人的念頭回歸到該有的地方——也就是收受者的尊嚴。

如果我們經常相互幫助，就不需好運。
——索福克里斯（Sophocles），古希臘時代的悲劇詩人

三十七天：即知即行的挑戰

面子是很重要的概念。正如穆罕默德‧阿爾‧薩巴特（Moham-mad Al-Sabt）在介紹阿拉伯文化的書裡所言，「幫別人留面子或尊嚴必須要花心思，或者要懂得了解別人的反應，好讓對方能在最不尷尬或最不傷自尊的狀況下從該情境中脫身。這需要創意、妥協、耐心，有時需要找其他方式讓事情有機會回歸正常。」世上許多文化鼓勵大家謙卑、敏銳地察覺他人的尊嚴，尤其當對方的尊嚴受到威脅時。請找出方法幫別人保留情面。

> 我們來這世上就是要彼此扶持一把。
> ——沃克‧柏西（Walker Percy），二十世紀美國南方文學作家

行動：

我們所有人至少都有過一次沒面子的經驗，或許有很多次。現在請進行專注的自由書寫：

- 花六分鐘寫下你在公開場合覺得丟臉的經驗——可能是跌倒、搞砸簡報、說錯話或者購物後無法順利刷卡。那種感覺如何？身體有何反應？臉龐、體內和頸背有何感覺？

- 讀讀你所寫的東西。

- 將「熱點」圈起來，也就是在你看來最醒目的詞彙或字句。

反覆思量這些經驗的心得。丟臉的感覺會讓你下次不舉手發言嗎？會讓你轉而猛烈攻擊他人嗎？這些心得可以告訴你丟臉所帶來的衝擊有多大，以及幫助別人不經驗同樣的挫折、貶損、憤怒或孤寂，是多麼重要的事情。

進擊：

致力於推動兒童權利的黑人女律師瑪莉安‧萊特‧艾德曼（Marian Wright Edelman）曾說：「我們不該想著該如何做出石破天驚的事情，而忽略了每天可以成就的小改變。日積月累下來，這些小改變會變成我們所無法預知的重大影響。」

- 接下來三十七天，以你每天都會看見的某個人為對象，設法當他的天使。如果找不到對象，就以你遇見的人為對象。

- 比方說，如果有人將車停在路邊，計時器顯示時間快到了，就替他們補上銅板，留張匿名紙條請他們「把愛傳出去」，以同樣方式幫助其他人。如果有人犯了社交禮儀上的失誤，裝作沒看見，別嚷嚷引起別人的注意。這麼做不會讓你損失什麼，卻能讓他們有機會脫困。若你的孩子拖到最後一分鐘才寫作業，你要幫助他們，別斥責他們。

- 若用心過日子，刻意找機會，你每天都有許多機會可以幫助別人。你可以天天當天使，利用你的天使力量去幫助別人嗎？你可以低調行善嗎？你希望獲得掌聲？

- 思索別人會如何回應。想想，當個暗地行善的天使讓你感覺如何？

若你對別人好，改變的不止有你，而是全世界。
——哈洛德‧庫希納（Harold Kushner），著名猶太教祭司

別賣掉你的紅皮書

英雄踏上旅程，遇見惡龍，發現寶藏——他真正的自我。
——卡爾‧皮爾森（Carol Pearson），美國作家

幾年前，我先生約翰在華府的喬治城開了一家專賣科學古書的小書店。有一天，一位專門幫美國政治明星整修房子的室內設計師走進來找書，找很多書。

喬治城是華府裡很富裕的一區（想想這裡住著大使和國務卿呢），所以他一進來，空氣中就瀰漫著大買賣的氣氛，人生的光明希望瞬間爆出，義大利托斯卡尼的假期；孩子的大學學費和新的熱水器全寄託在這一樁買賣上。

「我要替一位重要的客戶找書，他正在整修喬治城的房子。」設計師告訴約翰：「我想，你應該有我們需要的東西！」

「真的嗎？他們有興趣的是哪一方面的科學？」約翰問。

「喔，他們不是科學家！」設計師回答，被約翰的揣測逗得哈哈大笑。「我們在找的是紅色封面的書籍，以便搭配他們新的進口絲質窗簾。我說的是勃艮地葡萄酒的顏色，就是老書會有的那種美麗酒紅色，而且搭配的必須是金色印刷字體。」

「不過我還是很好奇，不曉得他們想收藏哪一類的書？」約翰疑惑，不懂眼前這個像門縫慢慢打開的狀況是怎麼一回事。

「噢，主題完全不重要。」設計師回答，「他們只是想找紅色或紅色系列的書，古樸典雅的那種，如果可以的話最好是皮革封面，高度不超過九吋，總共需要五十碼長度的書籍量。」

說得好像在描述布料，描述裁剩的地毯或足球場上的白色標碼線。

「我們願意出高價收購。我想後面那些應該很適合！」他指著約翰的科學歷史藏書，在他後方牆面那排暗紅色的美麗書海。

> 不是所有可以計算的東西都重要，也不是所有重要的東西都可以計算。
>
> ——愛因斯坦

當時，我們的第一胎即將臨盆，幾個禮拜內艾瑪就要誕生，那位客戶開的價錢可以讓我們買好多嬰兒用品，還能買海浪泡沫色的偉士牌摩托車。我想像她坐在我後面，我載她去蒙特梭立幼稚園。可是這些藏書是約翰花了好幾年才收藏起來的，他很愛這些書所代表的歷史與意義。一想到它們被放在不讀書的人的家裡，當成禮盒上的蝴蝶結、蛋糕上的糖霜，只是替美國內戰前的古董書架增添典雅風味，他就無法忍受——嗯，你應該可以想見那種可怕畫面。

約翰拒絕這樁報酬優渥的買賣，並跟對方解釋為什麼他不能以這種方式賣掉他的書。對他來說，這不止是交易，還代表更多意義。我一直很欣賞他這種態度——他愛書，愛到不願意隨隨便便賣掉它們。他希望買主能好好善用書，吸收書裡的知識，而不止是放在那裡積灰塵，等哪天窗簾顏色換成森林綠或黃土色時就將它們丟棄。他拒絕這樁交易，為了保有他對書及世界的完整熱愛。

約翰對這件事的反應讓我學到的最重要功課就是：**我們應該愛我們所做的事，對其投以真誠深刻的熱情，愛到想保護它、珍惜它，竭盡所能以最恭敬的方式把它交付出去，而不是秤斤秤兩，隨便賤賣。**

我剛開始從事顧問諮詢的工作時，有過一段可怕的日子。那時我對工作完全不挑，有案子上門就接，因為當時前途真的茫茫（而不只是「看似茫茫」而已）。我替一所大型的醫療院所發展職場多元性策略，其中一項工作內容就是傾聽職場內員工在多元議題方面的經驗和故事——他們是否覺得自己在組織內受歡迎？能融入其中嗎？受到重視嗎？（簡而言之，沒有。若要從頭說起，血淚斑斑。）

這個醫療院所代表的就是一種會影響到有色人種的疾病，這疾病可用我在全美各地聽到的一個詞彙來描述：「**優秀老男孩人際網**」，意指主要由白種男性所構成的組織機構。我跟該組織的執行長報告我所收集到的資料時，他無禮地打斷我，說：「妳知道為什麼大家會用**優秀老男**

孩人際網這種詞彙嗎？」他嗤之以鼻地說：「因為這樣的組織很優秀，而且像網絡一樣有辦法四通八達。」

我楞了半晌，回神後頭也不回地走掉。

雖然剛創業的我很需要錢，但我不能虛耗時間，不能讓員工燃起虛幻的希望，以為組織將有所改變——事實上我明知該組織不可能改變、明知我這份工作只是組織高層主管用來虛應故事，滿足即將上任的董事長。因為他是非裔人士，他們就以為搞個多元方案可以討他歡心。我不能成為這場騙局的工具，這個勢利的老男孩不是我可以合作的對象，不管我的小孩有多需要新鞋，不管我仍然多想買那輛偉士牌，或者托斯卡尼的豔陽正在召喚我。若參與這項計畫，我會覺得自己很髒，那種骯髒的感覺任何金錢都抹除不掉。我必須把我的紅皮書打包好，直接走人。

別誤會，我一向很願意認真打拼。我經常面對困難，因為這代表有活兒要幹，不是嗎？就像以前健身時，當我哀號傾斜板上的仰臥起坐好難，掙扎地想抬起上半身，我高大的健身教練索爾就會將一顆重達二十五磅的健身球舉在我的頭上，告訴我：「聽著，派蒂，如果很簡單，那滿街的人都應該像我這種身材。」

或許很自戀，但千真萬確。

正如索爾所言，如果職場多元化這麼簡單，那麼所有職場不就具有完美的包容力，每個員工的想法都能被傾聽、被珍惜了嗎？如此一來，在這個世界裡，中東和平這個詞彙就顯得多餘，而犯罪也會變成歷史奇談，不再是每天真實上演的情節。所以，我了解我應該不畏困難，認真打拼，然而，為了保留活在這個世界上的價值感，有時我知道自己必須回到自己的原則，轉身離開那位優秀的老男孩。我必須把滿櫃的紅皮書交付給願意愛它們、擁抱它們，並從中學習的人，而不只是掏錢炫耀的人。

現在，在我們所住的美麗山城，約翰擁有一間很棒的珍玩小鋪，其中最主要的收藏品是古老的地圖、印刷品和古書。昨天傍晚在他從小鋪返家的路上，他一直懊悔將藝術理論家阿恩海姆（Arnheim）的《視覺

思維》（*Visual Thinking*）賣給一位女士，因為後來他發現她只是喜歡這本書的封面。

神奇魔力依然在。

> 在成長進步的準則中，最有力的一項就是人類的選擇。
> ──喬治・艾略特（George Eliot），十九世紀英國小說家

三十七天：即知即行的挑戰

首先，想想你的紅皮書是什麼。深情地把握它們，因為它們代表你。珍惜它們、榮耀它們，把它們交託到最有需要，而且最想得到它們的人的手中。在那些求知若渴，或者還不會閱讀的讀者面前打開你的紅皮書，但要先解釋為什麼你鍾愛這些書，以及它們對你有何意義。跟那些想交換資訊而非想做交易的人做買賣。別隨便購買或賣掉知識。

行動：

專注的自由書寫：

- 如果你的工作（不論在家工作或外出工作）是某種答案，那麼這答案的問題是什麼？請連續書寫六分鐘來回答這問題。

- 讀讀你所寫的東西。

- 把重點圈起來，再花個四分鐘根據那個詞彙或字句進行自由書寫。

寫完後想一想，你寫的內容透露了與工作有關的什麼事？這些事就是最能燃起熱情，最讓你珍惜呵護的東西嗎？如果不是，為什麼？你要如何改變它？

進擊：

歸根究柢，生命就是選擇。每一天日積月累的小選擇，最後構成你的生命整體。

- 連續三十七天記錄你每天做過的所有選擇。咖啡或茶？貝果或吐司？真話或者白色謊言？新工作或舊工作？沒多久你就會發現自己每天要做的選擇不計其數，或許超出你的推估。長久下來這些決定就構成我們的生命狀態。

- 一天結束時，檢視今天做過的所有選擇，將你所遲疑的選擇抓出來，或許這些就是對你最有意義的事。是哪些事？

- 你是根據什麼來做選擇？根據你認為別人會有的期望，或者根據你自己的需求和需要？做選擇時，相對的犧牲會影響你的選擇嗎？你是否選擇安逸，不願意冒險？

看看你所記錄的選擇，是否有什麼樣的模式可循。關於選擇，你學習到什麼？

在地上打滾

透視力，約有智商八十的價值。
——艾倫·凱（Alan Kay），美國筆記型電腦先驅

上週六艾瑪和我觀賞動物星球頻道上的一個節目，我被逗得哈哈大笑。我開始思考，驀然明白我之所以哈哈笑是因為我一開始就認同節目裡那些讓我哈哈笑的人。我喜歡那些事情所發生的狀況。

這個實境節目的名稱是《誰得到那隻狗？》節目裡各組人馬參加比賽，看誰有資格收養在動物收容所死裡逃生（或者至少免於被頑皮小孩不停戲弄）的幸運狗。那個禮拜的幸運狗是洛基，一隻拉布拉多與獵犬混種的黑狗。

在節目裡，每組參賽者誠懇地說明為何他們最適合當洛基的父母，他們會提供什麼樣的家給洛基，還有他們會如何不在意洛基尿在他們的波斯地毯上，撕咬要價四百六十八美元的 Coach Beekman 名牌公事包。那只公事包的正面小口袋還是褐色純正薄牛皮做的呢。他們浪漫地訴說洛基對他們的意義，洛基將如何改變他們的下半輩子，以及他們有多愛之前那隻他們儘管愛得不得了，但還是失手被聯邦快遞卡車給壓死的愛狗。

狗專家、狗兒通靈師，犬類治療師、占卜師、行為學家，以及各式族繁不及備載的其他人負責給參賽者打分數。每組參賽者都要跟洛基住上一晚，那晚要設法達成某項挑戰，比如教洛基一些常見的狗把戲。

有一組要教洛基嚎叫，一組要教他倒退走，還有一對夫婦必須教洛基祈禱，也就是教狗伸長兩隻前腿，舉高前腳掌，頭往下垂。

就是最後這一組讓我哈哈大笑。

他們輸了。他們示範祈禱的動作給洛基看，一人假裝是狗，另一人伸長雙手，大聲說「祈禱」，希望藉此說服狗乖乖做出這個動作。洛基一臉茫然，我猜他的心裡大概想著，天哪，真希望好朋友史巴特能在這

裡看看這兩個人。洛基當然沒興趣模仿他所見到的動作，因為他不懂有何理由這麼做，也搞不懂人類要這樣做的出發點為何。最後（我就是在這個時候噗哧大笑），他們還真的試圖對小洛基說之以理，嚴肅地告誡身為較高等動物所代表的意義，以及祈禱的定義。真的，我沒瞎掰。

哪裡出了差錯？拜託你告訴我（不好意思，我實在忍不住想開玩笑）？什麼樣的方式可以更有效地讓洛基做出祈禱動作？專家告訴我們：首先必須給他食物

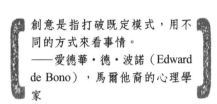

創意是指打破既定模式，用不同的方式來看事情。
——愛德華・德・波諾（Edward de Bono），馬爾他裔的心理學家

當誘因，讓他願意一直低著頭，接著要把食物放得更低，同時嘴裡說出祈禱這個詞。每次他做對了，就要讚美他，勤加反覆練習，來正面強化低頭的動作。當狗兒能熟練地做出這動作後，才可以開始教他舉高手掌，然後把這兩個動作結合在一起。這種循序漸進的訓練方式是一步一步來，把每個行為分開來進行，而不是從訓練者的角度硬要狗兒把祈禱這個詞跟靈性意義聯想在一起。

或許祈禱這個詞會妨礙我的意思，不旁換個方式來看吧。假設我邀請你和朋友到我家吃晚餐，而你從沒到過我家（對，你可以帶點東西來，比如瓊・艾瑪崔汀、崔西・查普曼或妮娜・西蒙的音樂專輯，以及一、兩塊或十塊芥末口味的黑色松露巧克力）。結果你迷路了，用手機打電話給我，告訴我你所在的地方。如果我想告訴你如何到我家，怎樣描述比較有效？從我所在的地方開始描述，或者從你所在的地方描述起？

這不是腦筋急轉彎。

答案很明顯，我所給的指示必須是站在你的立場，一個路口、一個路口清楚說明。我必須讓我自己設身處地，看見你所看見的東西，這樣才能讓你從當地移動到我所在的地方。在某些狀況下，或許更好的方式是我直接去找你，帶你去轉角的酒吧或書店晃一下，放鬆心情，跟當地人寒暄——理髮師法洛伊德、古柏、安迪（或者最近認識的菲比、莫妮

卡和瑞秋）。

可是多數時候，當我們想改變別人的思考或行為，試圖讓他們來我們所在的地方時，我們是否原地不動，重複地硬要他們祈禱或吟誦，或是單腿站立，而不是從他們的觀點來看，到他們所在的地方與他們交談。我以前曾跟一個人共事，這傢伙每次跟來自國外的訪客──「外國人」，以他的款待術語來說──溝通時，總是誇張地張嘴動唇，提高嗓門，愈談愈大聲，如果對方不了解他在說什麼，他只會提高音量，更誇張地張大嘴巴，重複相同的話，絲毫沒想到該換不同的詞彙來解釋。他從不會採用更有效率的策略等方式，以不同的詞彙來幫助對方理解。

我對節目《誰得到那隻狗？》的取笑，有多少是因為我緊張地發現自己也曾愧疚地猛對別人解釋祈禱的意思，或者只想到提高音量重複話語，沒想到該用另一種完全不同的方式來說明？

我在處理一些困難的議題，比如職場多元性時，就曾在訓練室發生過這種狀況：我假設與會者都有意願，但其實他們根本沒意願。所以當他們不懂我的意思時，我就覺得沮喪，然後從我所在的較高處逼迫他們，結果搞得我（和他們）更為沮喪，更確信他們永遠不會懂。

如果這時我能想起洛基和祈禱這個詞彙的概念，並且不讓自己被多年來我認為這些概念所具有的意義束縛，而是真正跟著訓練室裡的學員一起重新探討這些概念，結果會如何？若我直接設身處地，從他們的角度來看事情，並幫助他們一步一步慢慢走向目的地，把學習目標拆解成幾個小目標，分段慢慢引導他們，而非把祈禱這類的大概念直接砸在他們頭上。

　　　　　試圖給自己下定義，就像試圖咬自己的牙齒。
　　　　　──艾倫・瓦茲（Alan Watts），英國哲學家

如果我不告訴學員，或者不讓他們看到我想讓他們知道的事，這就像那些參賽者四腳著地，想示範祈禱的模樣給狗看，而是讓學員親身去體會只因自己膚色與他人不同，就受人排擠、被漠視，被迫遵守主流文化的感覺。讓洛基看到參賽者希望他做出的動作，這種方法不會有用，他們必須設法讓狗真正做出那些動作。

上週六我從會咬公事包的洛基身上學到九件事：

1. 語言並不客觀，因為詞彙在我們個人心中所產生的聯想不同。對，以祈禱而言，這個詞彙在洛基心裡的聯想，跟在我心中的聯想不一樣。

2. 在學習新把戲，或者提出我們要洛基做某些事的「業務理由」（套用全世界管理顧問專家愛用的術語）時，經常需要有誘因。比如洛基的業務理由很明顯與動物肝臟做成的狗糧有關。

3. 我必須以洛基在乎的東西（狗食）來激勵他，而非以我在乎的東西（松露巧克力）。

4. 要學習新行為，不能只聽或只看那種行為如何進行。學習者必須親自去做，去嘗試，即使有時會失敗。

5. 我們必須更常慶祝成功，迅速拿出狗食和豬耳朵來開派對！

6. 洛基（和人）都需要一致性。我們不能把訊息和期望的結果混合在一起，這會讓洛基覺得錯亂，在地毯上撒尿，你可以想見若是人的話會怎麼樣。

7. 教狗新把戲要花時間，要個別對他投入專注且持續的時間。

8. 我們所有人對於周遭發生的事都會創造出不同版本的故事。洛基向狗兄弟羅弗和史巴特所描述的，很可能不同於訓練人員的描述，不是嗎？

9. 如果我真的在乎洛基在我的波斯地毯上撒尿，嘶咬要價四百六十八美元、正面小口袋是褐色純正薄牛皮所做的Coach Beekman名牌公事包，那我就不應該假裝不在乎。

對了，讓洛基的狗把戲學得最棒的是三個傻瓜那一組。他們直接躺在地上，把自己變成狗，拋開人類的優越感，跟他一起滾來滾去。他們是真的喜歡洛基原本的模樣，沒要他變成所希望的模樣。他們與狗站在一起。

最後這三個人贏得這次比賽，將洛基帶回家，教他吠叫、倒退走，或許還會教他怎麼祈禱。

三十七天：即知即行的挑戰

下次當你因某人老是「聽不懂」而覺得氣餒時，先放慢腳步，問問自己是否站在你的主觀立場下指示，而不是從對方的角度提供建議。請記住洛基的例子：要跟對方一起在地上打滾，請把人類的優越感暫時拋開。

行動：

多數時候我們都以自動駕駛的方式來行動，這個專注的自由書寫將會要求你暫時關閉自動駕駛系統。

• 花六分鐘列出並描述你每天早上起床，準備展開一天生活的每個步驟。從你睜眼開始，一直到走出門的前一刻。

• 假裝你要寫一分說明手冊給起床後完全不知道要做什麼的人。

• 將你的日常作息拆解成小步驟，並鉅細靡遺地描述，好讓別人能跟著做。你先用哪隻腳下床？刷牙前會先穿上拖鞋嗎？假裝你在寫的是 IKEA 家具的層架組裝說明書——請儘可能仔細述。

• 六分鐘後讀讀你所寫的東西，別人有辦法按照你的指示去做嗎？或者你把個人嫻熟的動作視為理所當然？

• 最後再花四分鐘回答這問題：我是否在某種方面依靠自動駕駛儀生活？

習慣一開始只是蜘蛛網，接著就變成電線。
——西班牙諺語

進擊：

有哪些事情多年來已烙印在日常生活中，使得我們不再意識到它的存在，變得毫無自覺。未來三十七天，專注在你的生活模式上，從這個練習開始進行：

• 坐在黑暗廚房的地板上，盡可能靠近冰箱。關掉收音機或電視，閉上眼，傾聽冰箱的嗡嗡聲，有沒有固定的節奏，若有，那是什麼？你可以在地板或桌子上拍打出那種節奏嗎？

• 離開廚房，走到外頭世界時，要相信生活是一首你必定記得的樂章。接下來三十七天，盡可能找出生活裡的所有旋律。比如在人行道上，周圍的行人腳步聲就有某種規律節奏，同樣地，車子的方向燈或暖氣機啟動和關閉也一樣。

把你的心打開，迎向那些與眼前問題無關的事物：訂閱一本獨特的雜誌、提早兩小時上班，試乘拉風車，試吃印尼料理。
——羅傑・馮・歐克（Roger von Oech），美國創意思考專家

就當它是穀倉吧

沿山蜿蜒而上有數百條小徑，
全都通往相同方向。
所以，走哪條並不重要。
唯一會浪費時間的人就是那個不停繞山而行，
並對每個遇到的人說他們走錯了的人。
——印度教諺語

　　不需要花很多時間，我就能離家遠遠的。開上 19／23 號公路的二十分鐘內，我們轉入一條路，在那裡目睹到昔日的農家光景：穀倉傾圮坍塌，結構經歷日曬雨淋和時間摧殘，變成嘉年華會狂歡後的狼藉景象。

　　「看！」坐在 Britax Marathon 兒童座椅上的泰絲嚷嚷，手上繼續抓著隨身攜帶的娃娃。娃娃會發出聲音，模樣就像男星強尼‧戴普。「看！有一間房子快倒了。」

　　「寶貝，那是穀倉。」約翰說：「這房子好老了，以前應該是——」

　　「哇！」她打斷爸爸緬懷農業時光的叨絮，「哇！還有一座吔！紅色的唷！」

　　我們開在鄉間小路上，經過十幾座的穀倉，每經過一座，泰絲都會冒出興奮的超高分貝，惹得她正值青春期的姊姊愈來愈不悅。姊姊在車門和座椅之間的角落愈縮愈小，怒目望向窗外，又怒目望向前座，彷彿質問我們怎麼有權利把這個動來動去，又愛高聲嚷嚷的小生物帶來這個世界。「還有一座！穀倉吧！穀倉吧！」泰絲高嚷，指著一間放有獨輪手推車和鋤頭的小倉庫。

　　「那不是穀倉！」自我放逐的艾瑪大吼著說：「泰絲，不是穀倉。」

　　「是，就是！」泰絲哭著說：「那就是穀倉！小穀倉！小小的小穀

倉！」她堅持。

「不是！」艾瑪說：「不・是・穀倉！那是小倉庫，不是穀倉！」

「是穀倉！那也是穀倉！是穀倉！是穀倉！」

我翻找前方置物櫃，想找隻鉛筆戳瞎自己。

艾瑪就像一個十五歲的律師，超懂得雄辯。「該去睡覺了。」每天晚上我提醒她。

「幾點了？」她會問我。

「九點半。」我會回答。

「媽，」她反駁我，「才九點二十七分吧。」

確定性的原則改變了。我心想，憂愁地望著窗外的穀倉／小倉庫，遁入我內在的澎湃獨白：**時間會讓人有新眼睛，新進展、新理論、新發現**——它會揭露錯誤的判斷，不完整的觀察或者不足的能力，以及因欠缺經驗而犯的錯誤。時間的推移會加速或減慢我們在理解量錶上的指標，就像詩的格律可緩可急。我們離某個東西愈近，比如穀倉，它看起來就會更加不一樣。

法裔美籍的數學大師曼德勃羅（Benoit Mandelbrot）的「碎形幾何」（fractals）是為了探討一個看似極為簡單的問題所衍伸出來的革命性觀念，這問題就是「英國的海岸線有多長？」而答案開啟了一支新的數學流派，而下一個問題——你想要它多長——**處理的就是什麼是穀倉，或什麼不是穀倉的問題。結果，英國的海岸線能被準確測量，但也可以是無限長。這問題涉及觀點，涉及你所認同的參數、衡量標準。我心想，就跟大多數事物一樣，如果愛因斯坦那討人厭的量子力學能同時讓我們身處這裡和那裡，而且沒有「意識」這種東西，唯一能緊緊黏住標籤的東西是膠水，那麼，穀倉到底是穀倉，或者是小倉庫，或者像穀倉的東西，有何要緊呢？**

後座的喃喃爭執持續著，把我拉回現實這一刻。

穀倉燒毀，現在我見得到月亮。
——芭蕉（Basho），日本俳句詩人

「穀倉！」

「不是。」

我囁嚅著些什麼。

約翰聽見了，「什麼？」他靠向我，「妳說什麼？」

「就當它是穀倉。」我靜靜地說，盤算著怎麼逃到紐西蘭馬丁堡鎮紙之路的小葡萄園，在那裡聆聽異國腔調的孩童說話、靜靜照料著綿羊、吃玉米三明治。

> 難以抉擇的真相就是……別聚焦在對 vs 錯。事實上，是對 vs 對。這種抉擇之所以兩難，正是因為每一邊都是根植於我們的基本核心價值。
> ——羅斯沃斯·凱德（Rushworth Kidder），美國資深專欄作家

「就·當·它·是·穀倉。」

我的頭像電影《大法師》裡那個小女孩，慢慢往後轉，「就當它是穀倉吧，乖女兒。」我告訴艾瑪，「就當它是穀倉。」

「妳的意思是這純粹是觀點不同。」她問我。

「對，小可愛。」我回答，真驕傲她這麼冰雪聰明，這麼有領悟力，能夠超越小口角。「對，就是這個意思。」

「媽，這聽起來好浪漫啊，這種看待世界的方式真棒，真有趣，讓人恍然大悟，讓人敞開心胸。」

我露出一個母親會流露的滿足笑容。

「但它依舊不是穀倉。」

我腦海浮現印度教以山路小徑來教誨信徒的諺語，彷彿浪費腦細胞思索怎樣跳出疾駛的車子而不會被發現的這件事，還不夠腦子忙碌。我心想，或許可以趁著這個穀倉事件來教導艾瑪這段有意義的諺語。

你的真實不同於我的真實。我認為的種族歧視在你看來是反應過度。我認為的危險之舉在你看來是英勇無比。我珍愛的東西你棄如敝屣。到底是兩點四十或者兩點五十？是穀倉或小倉庫？我的真實比你的真實更為真實嗎？英國的海岸線到底有多長？

> 沒有真相，只有觀點。
> ——丹·依德絲·西特威爾（Dame Edith Sitwell），二十世紀英國女詩人

據說畢卡索坐火車時有個陌生人質問他，為什麼他的畫不夠真實：「你為什麼不把東西畫得像它們原本的樣子？」畢卡索說，他不懂這個問題，這時陌生人從皮夾拿出妻子的照片，說：「就像這樣，她長得就是……」

「這麼小，又這麼平板，是嗎？」畢卡索回答。

三十七天：即知即行的挑戰

著名的美國建築工程師柏克明斯特‧富勒（Buckminster Fuller）曾寫道：「上帝給你的是右腳和左腳，不是對的腳和錯的腳（譯按：右與對的英文字都是 right）。」所以，停止爭論，開始傾聽。若發現自己正堅持站在某種論點，記得舉起腳，將重心換到左腳，再換到右腳，像跳方塊舞一樣換個位置。跟這種論點共舞，跟它說話，你的真相會等待你。在靠近別人的論點時，你的真相有時會增加，或者會改變。你的穀倉很可能是我的倉庫，這兩者當然可以共存。

行動：

專注的自由書寫：

• 花六分鐘回答這個問題：發現自己錯了的感覺如何？

• 寫六分鐘後停下筆。

• 所以……當我們跟人爭論，想證明自己對的時候，我們就判定對方錯，讓他們經歷到我們剛剛所寫的那種感覺。

• 想想你最近有過的爭論。

現在花四分鐘來寫下你認為對方觀點沒錯的原因。

進擊：

對四歲的孩子來說，椅子可以是城堡、賽車、祕密洞穴，但對大人來說，椅子就只是椅子。我們一旦把物體標上名稱，就喪失觀看的能力。有時語言會降低可能性。這道理適用於物體上，也適用於人身上，如果我們把人貼上標籤來看待。

- 列出十樣廚房常見的物品。

- 接下來三十七天，每天早上挑選其中一樣。

- 你的任務就是每次選好一件物品後，就想出它可能具有的五種使用方式。讓它們脫離你的頭腦對它們所做的歸類。發揮你的想像力！

- 有什麼好方法可以執行這項挑戰？請別人跟你一起想想看。他們會見到你沒見到的可能性。

丟掉你的吐司麵包規定

任何一個笨蛋都可以制定規則，而所有傻子都會在乎這個規則。
——梭羅（Henry David Thoreau），十九世紀自然主義作家

班機降落在華府，我看見柏油跑道上冉冉蒸騰的熱浪，預告著汗珠和怨氣。這種天氣就連汗珠都會傷人、刺人、灼人。光看到人，就覺得很煩人。

「晚餐前我們先去喝杯茶，討論討論計畫。」我在旅館見到大衛時這麼告訴他。我們汗流浹背地走到那間我在華府時經常造訪的咖啡廳。我認為這家咖啡廳應該繼續沒沒無聞下去，除非你剛好知道在杜邦圓環（Dupont Circle）附近有一間咖啡館，咖啡館的前方有書店，後方有餐館。喔，我隨便說說的啦。

整間咖啡廳只有四張桌子的客人。現在剛過下午三點，午餐人潮已回去上班，晚餐人群還在痴望五點來臨。「需要喝點什麼？」侍者問。

　　「有伯爵茶嗎？」我問，他點點頭。「好，那我就點這個。」

　　「一杯黑咖啡。」大衛說。侍者離開後我們開始交談。我好餓——上飛機前什麼都沒吃——但我不想吃正式餐點，因為晚上跟茱莉雅約好了吃晚餐。我只需要來點小東西填填肚子。

　　「還需要什麼嗎？」侍者端來我們的飲料後，帶著愉快的笑容問我們。

　　「我不需要。」大衛說。

　　「我很想點……」我指著菜單說：「一片吐司和這種酪梨切片副菜。」

　　「噢，不好意思，」侍者說，開始陳述出一句世人絕對知道會終結現代文明的話。「不好意思，吐司時間已經過了。」

　　傻眼。

　　「吐司時間過了？」

　　「是的，女士，吐司時間過了。」

　　我慢慢轉身看著大衛，他露出男人等著看好戲的笑臉。

　　「哇，我從來不知道這裡有正式的吐司供應時間呢。」

　　我還納悶，不曉得不同時區的吐司供應時間是否相同。

　　侍者點點頭，開始不耐煩，應該是不爽他的抽菸休息時間被我這種難以置信的傻眼表情給打斷。看來任何時間都是他的休息時間。

　　「嗯，」我故作甜美地說：「我從來不知道你們有『吐司時間已過』這種事。你說我瘋狂也行，不過我真的認為如果你們有麵包和烤麵包機，基本上隨時都能供應吐司。」

　　傻眼。

　　「嗯，這樣吧，」我退一步來回應他，否則真不知這樣對峙下去會有什麼場面出現，雖然我的腦袋裡有聲音吶喊，**這裡竟然連一片吐司都**

沒有！開個烤麵包機又不會耽誤你太多時間，況且我點的可不是義大利奶油燉飯，必須把新鮮的春豆去皮，翻煮他媽的數小時，還要灑上罕見的辛辣巴馬乾酪，而且這乾酪還必須產自遙遠義大利北方，男人戴貝雷帽的地方！你們明明有食材和工具！有麵包！有烤麵包機！有電！還有全世界的時間可用來幫我準備，現在根本沒其他客人需要你服務！

但他們就是有吐司規定，我心想。

「那我點酪梨切片就好了。」

他眨眨眼，緩緩地說：「嗯，我去問問看，不過我相信應該不會有。」說完他就離開。

「問什麼鬼東西啊？」我對大衛說，「相信什麼啊？我們在說的又不是宗教，只是酪梨切片，菜單上清清楚楚列出來的食物吧。」我說，感覺好悲哀。

在華府這種潮溼悶熱的天氣裡，我忽然置身在奧勒岡州雨津市的丹尼小館。我化身成了男星傑克・尼克遜，飾演電影《浪蕩子》（*Five Easy Pieces*）裡的天才鋼琴家鮑比・杜比亞（Bobby Dupea），只想吃到原味的蛋捲，要番茄不要馬鈴薯，以及一些白吐司。「沒得換，」他的侍者說：「只能照菜單點餐。」我很確定當時的他就跟此刻的我一樣難以置信。「你們有麵包，還有某種烤麵包機吧？」他問：「那我就行行好，盡可能讓你們好準備一些。我點原味的蛋捲，全麥吐司的雞蛋沙拉三明治，不要美乃滋，不要奶油，不要生菜，再來一杯咖啡。現在，你們只要拿掉雞肉，送吐司來給我，至於帳單就算雞肉沙拉三明治那一項，這樣一來就不會違反任何規定吧。」

> 規定不必然神聖，原則才是。
> ——羅斯福（Franklin D. Roosevelt），美國第三十二任總統

過了一會兒，侍者回到我們這一桌，「抱歉，」他帶著微笑說：「他們告訴我，若給妳酪梨會違反大家都知道的規定。」

大家都知道的規定。這句話可不是我捏造的，大衛可以作證。原諒我，我就是不爽他把他們抬出來。還有，規定？我要的是會讓人雀躍的酪梨，我只是要那種酪梨。

　　我成了電影《第二十二條軍規》（*Catch -22*）裡的轟炸大隊隊長猷薩瑞安（Yossarian），不想出任務進行轟炸，卻得面對第二十二條軍規：「歐爾瘋了，應該留在地面上。照理說他只要提出申請就行了，但他一提出申請，就證明他沒瘋，這樣一來就得再出任務……如果他繼續飛，執行轟炸任務，那代表他瘋了，所以應該不必出任務，但若他不想出任務，就代表他頭腦清楚，因此必須出任務。猷薩瑞安被這麼簡單易懂的第二十二條軍規所感動，說：『這軍規真了得啊，第二十二條軍規』，『這是最好的一條規定。』軍醫丹尼卡（Daneeka）附和。」

　　「菜單上明明有啊。」我說，指著菜單，「就在這裡，瞧？」

　　「對，」他回答，「可是副菜只會跟著主菜一起上，沒點主菜我們不能只供應副菜。」

　　天啊，竟有這麼多我不知道的規矩。有時我真受不了自己不止無法記住圓周率π三位以上的數字、不會換輪胎、不會說烏都語，老是搞丟記事本，這會兒還不知怎麼地——這怎麼可能啊？——活到這把年紀竟然不知道副菜必須跟著主菜一起上。

　　「嗯，那，」我簡單地說：「我們就別違反大家都知道的規定吧。」於是侍者離開，去享受吞雲吐霧的快樂時光。他的休息時間很明顯遠遠超過吐司供應時間，而且絕不會受到難以掌控的顧客時間所影響。我靜靜地將手伸入包包裡，拿出相機，給菜單照了幾張相片，因為我知道吐司規定和副菜規定日後將會成為我的靈感之源，比如說現在。

　　就是那些規定，那種吐司規定，史上最棒的規定。知道別人的規定有多荒謬是一回事，承認並經歷那種荒謬又是完全另一回事。而這種荒謬的規定是我們編造出來的（一個有用的提示：所有的規定都是編造出來的，它們已經深深烙印我們心裡，讓我們不再能看出它們其實是荒謬的吐司規定。）所以，當某條規定浮上表面，就要把它視為吐司規定，了解它制定出來是服務某些社會規範，而那些社會規範本身也是編造出來的，純粹為了讓侍者更方便，而這裡所說的侍者代表的可能是「人」或「團體」。吐司規定。女生不能當耕耘機操作員。晚餐前不能吃甜點。九月勞動節之後不能再穿夏天穿的白鞋。男孩不能掉淚。女孩別吹低音管。別在晚上吹口哨。結婚是異性戀人專有的權利。編造，編造，全都是編造出來的。拋開你的吐司規定，在我的小世界裡，每分每秒都可以是吐司供應時間。

行動：

快速交叉手臂，接著換手交叉。很難嗎？覺得怪怪的？我們的生活充滿各種模式、偏好、習慣，而且多數都不自覺。有些模式讓我們過得更好，有些並不然。

- 花五分鐘進行專注的自由書寫，回答下列這個問題：有哪些格言警句陪著你長大？比如**小孩有耳無嘴、內衣褲要隨時保持乾淨，因為你永遠不知道何時會發生意外**，或者絕對別買凹陷的罐頭。五分鐘內列出這類警句，愈多愈好。別檢查自己寫得對不對，儘管寫下來。

- 停筆，讀讀你所寫的東西。

- 花兩分鐘將你會遵守的那些格言警句圈出來，或許數量比你預期得還多！有些甚至反映出你內在最深層的價值觀，但有些並非如此。比如我從不買有凹陷的罐頭，即使這種堅持不一定基於理性……

- 花個三分鐘將那些算是吐司規定的格言警句劃上底線。所謂吐司規定就是我們烙印在生活裡，但不必需或具真實意義的規定。
  我們必須先專心把這些模式（吐司規定）抓出來，才能改變。

進擊：

接下來三十七天，拿著你列出來的清單去留意生活裡有哪些吐司規定，並且去打破它們。或許可以這樣開始：

- 就跟換個方式交叉手臂一樣，如果你通常坐在戲院的後座，現在改坐到前座。如果你去教堂通常坐在旁邊兩側的椅子上，改坐到中央。如果你的早餐通常喝咖啡，那就改喝茶。如果午餐時你都跟某群人一起吃，改成跟別人吃。

- 這些改變帶給你什麼樣的感覺？

- 這段期間若出現吐司規定，就予以記錄。比如，當你發現自己說：「我不能做那件事，」或者「我應該……」時，停下來，問問自己這個規定是否深植在你的價值觀裡，或者它只是一條吐司規定，你之所以遵守是出於習慣而非基於某種意義。

> 我很自由，不管周遭有多少規定。如果可以容忍，我就容忍它們，若它們太惹人厭，我就打破它們。我很自由，因為我知道我自己能為我做的每件事負起道德責任。
> ——羅伯特‧海萊恩（Robert A. Heinlein），美國科幻作家

> 如果遵守所有規定，你就會喪失所有樂趣。
> ——凱薩琳‧赫本（Katharine Hepburn），美國著名女星

停止揮手就會淹死

為什麼女人動不了？因為有很多女人想等著別人說：「妳很棒，妳很美，我批准妳可以移動。」
——伊芙・恩絲勒（Eve Ensler），美國著名劇作家

我最近看了著名劇作家伊芙・恩絲勒（Eve Ensler）二〇〇四年在身心靈修中心 Omega Institute 那場「女人掌權」研討會中的演講錄影帶。恩絲勒最有名的作品就是《**陰道獨白**》（*The Vagina Monologues*），該劇被翻譯成三十五種語言，曾在七十六個國家演出過，包括巴基斯坦的喀拉嗤港市、印度的新德里和埃及的開羅。

在這齣劇作中，恩絲勒讓我們看見女人對於親密、脆弱以及自我性欲探索方面的真實故事。根據兩百位女人的情欲經驗所寫成的《**陰道獨白**》說出了女人最深處的幻想和恐懼。我保證讀過這本劇作或看過演出的人絕不會再以相同方式來看待女人的身體，而且對性的看法也會有所改觀。

恩絲勒非常驚訝，演出落幕後竟有這麼多女人排隊等著告訴她，她們被別人踐踏的經驗。恩絲勒自己童年時就曾被父親性侵，她知道必須做些什麼，於是發起 V-Day 運動。這個全球性的運動致力於終結女性所遭受的暴力行為。

恩絲勒的最新作品是《**好身體**》（*The Good Body*）。她說：「不管是正在施打肉毒桿菌的女性，或者住在印度和尼泊爾地區的廓爾喀婦女，每個文化和背景的女性都被迫改變她們的外貌，以便融入其身處的特定文化，使自己變得好看，被他人所接納。想想看，如果我們把花在厭惡外貌、改變外貌、千方百計讓自己變得『美麗』或者『夠好看』的精力省下來做其他事，可以達到多少成就。」

恩絲勒最近接受女性時論雜誌《**瓊斯媽媽**》（*Mother Jones*）的訪問時說道：「有一種暴力是外界針對我們而來的暴力，另一種是我們對

自己行使的暴力——我們讀特定雜誌、節食減肥、抽脂整型。為什麼女性會動彈不得？因為有很多女人想等著別人說：『妳很棒，妳很美，我批准妳可以移動』。」

等我長大，我要當伊芙·恩絲勒。

明天我要去市區的小金假髮店買一頂跟恩絲勒的黑色閃亮妹妹頭一樣的假髮來戴。我要大聲說出我的想法。我要朝氣蓬勃、勇敢表達，讓自己言之有物。我要更留意世界大事，彷彿地球的

> 別帶著過往的負擔，別活在未來裡。唯一重要的是真正且充實地活在當下。不管現在的生活如何，盡可能充分發揮自己。方法就是活在當下。
> ——詹其（音譯）（Chan Chih）

命運仰賴我是否花心思在它上面。我要有自己的觀點和意見，不等著別人告訴我那是什麼。我要去做我知道，必須去做的事，這些事我等了一輩子都還沒動手，就為了等觀眾。我要坐得更挺直，我要讓別人聽見我。我要提出更多問題，我要用心聆聽答案、用心看待。當別人告訴我他們的故事，我要認真**傾聽**他們。必要時我要提高我的音量，我要替那些無法出聲的人發聲，我要成為可以有效替別人發聲的人。當我說實話，我不再理會別人是否喜歡我。我永遠不會再請求別人的指揮。正如恩絲勒所言：「不管面對什麼事，我都堅持做自己。」

「你知道的事就是知道，」她說：「你見到的東西就是見到，有機會說的時候就說你要說的話。」

她告訴我們，女性必須克服不被喜愛的恐懼。「我們必須選擇，要當個好女人——夠文靜、夠苗條、夠美麗、夠親切、夠好，或者偉大的女人。」

在撰寫《陰道獨白》時，恩絲勒說她是個沒沒無聞的好萊塢劇作家。她給自己創造了非主流的邊緣形象，所以當這齣劇獲得

> 誠實做自己，說你想說的話，因為那些會在乎你怎麼說的人一點都不重要，而那些重要的人不會在乎你是什麼樣的人、說了什麼話。
> ——蘇斯博士（Dr. Seuss），美國著名童書作家

熱烈好評時，她害怕會喪失原本的自己，會變成主流的一部分，但隨後明白她毋需迷失自己。她說，這就像被吸入湍流的河水中，你必須成為河水的一部分，在河裡創作，同時也創作出河流。

「我在河裡唯一遇到的麻煩，」她緩緩地說：「就是我想要別人看見我人在河面上的船隻裡，我想讓船停下來，揮揮手，好讓大家看見我就在裡面。」

當我們想揮手，想被看見，想獲得掌聲時，表示我們正在溺斃。

屈服於河水。完全擁抱它，隨著它的波逐流，因為它知道你該怎麼對待你的生命。順勢漂流，不要想停下船，好讓別人可以欣賞你，喜歡你，稱讚你，「好棒、好聰明、好美，我批准你。」繼續漂流，繼續觀看，繼續知道，繼續說出你知道的真相，不需要或者不尋求別人的欣賞眼光。

> 找出能讓你活得最有深度，最有活力的心理特質，一找到這種特質，你的內在聲音會說：「這就是真正的我。」並遵循它。
> ——威廉‧詹姆士（William James），美國哲學家

你很棒、你很美、你很聰明，自己批准自己。

三十七天：即知即行的挑戰

你的河流是什麼？找出來，跳進去。正如恩絲勒所言，有時你必須動手划點槳，有時必須用力划。或許還會被捲入湍急漩渦裡。專注於當下，別停下來揮手、照相，或者讓別人稱讚你的船。只管隨波漂流，彷彿命繫於河水。你知道的事就是知道，你見到的東西就是見到，有機會說的時候就說出你要說的話。你有大好機會，而不止是好機會。

行動：

羅馬尼亞裔的思想家蕭沆（Emil M. Cioran）說：「因為我們都是騙子，所以能忍受彼此。」

專注的自由書寫：

- 生命中我們都曾有過覺得自己是騙子，隨時會被拆穿的時候。花五分鐘回答這個問題：什麼時候你覺得自己是騙子？你害怕別人發現你的什麼事？

- 停筆，讀讀你所寫的東西。
  將「熱點」圈起來，也就是在你看來最醒目的詞彙或字句，然後根據這個主題繼續書寫五分鐘。

進擊：

企管顧問瑪格麗特‧菲特利（（Margaret Wheatley）在其著作《彼此扶持》（*Turning to One Another*）中問了一個發人深省的問題：「我將成為我敬重的某個人嗎？」接下來三十七天，每天午餐時問問自己這個問題。如果答案是否定，你當天還有時間把答案變成肯定。方法就是去做或不做某些事情。這個每天發問的問題，正是生命能真正改變的關鍵。利用這個挑戰，透過一次又一次的午餐時間，讓自己變成你所敬重的某個人。

一萬四千磅
靜靜地移動
越過深陷的車轍
走到引誘的水畔。
巨獸一隻隻相連
尾連鼻之鍊
在夜幕掩護下遁走
走向遼闊溫柔的海洋。
每隻龐然的巨腿，
如拇指紋般鮮明，
樹梢和氣候隱約透露，
大地龜裂乾涸。
以低等於人類之生物的分貝，
將聲音傳遍數哩遠，
呼喚同族到水邊，
享受沁涼，盡情暢飲，
享受潛水，盡情沐浴，
享受盛宴，盡情交配。
他的步伐緩慢，
時速僅五哩。
想像那勇氣。
百萬條肌肉
與神經緊緊串連，
吹出號角
呼喚象愛

——麗姿‧葛蘭福特（Liz Granfort），
詩作「大象之愛」（Elephant Love）

第六章

親密：多愛一些

你的任務不是去尋找愛，而是找出你在心中築起的所有屏障，
因為那些屏障阻擋了愛。

——魯米（Rumi），十三世紀波斯詩人

「我們的房屋稅，光是房屋稅喔，就高達三萬美元！太離譜了！當
然啦，它在德州一座大湖邊，有三層樓，我們有兩艘船，還有個船塢，
不過這稅金也未免太高了吧！」她驚嘆。我心想，大概接下來會聽到她
的洗衣機及烘乾機的廠牌、型號和要價。「維修保養的費用有夠嚇
人。」她說：「不過，當然啦，我們都花錢找人來弄。」廢話。

這是一場表演，為了我好而把她房地產的價值一一列舉。我們坐在
帕納海哇民宿（Pana Sea Ah Bed and Breakfast）的美麗露臺上，身後就
是奧勒岡海岸的洶湧波濤。我不認識她，只知道她也投宿於此，跟我一
樣。我開始幻想一波大浪湧來，在她頭上散開，淹沒她的炫耀聲音。

為什麼我們要用這種方式衡量我們的價值？所有人都如此，要不是
以銀行存款、褲子尺寸、智商高低、履歷的長度，就是以網站造訪人
數，或者跟別人交換的名片數目。有什麼神奇的碼尺可以用來衡量我們
在世界上的價值？房子有幾坪？開哪種車？旅遊過幾個國家？有多少人

脈？到底我們是愛原本的自己，或者只愛我們所擁有的東西？我們是否能愛別人原本的樣子，而非他們擁有的身外之物？

我克制住墮落的衝動，決定不問她的船隻有多大。可不能鼓勵她繼續炫耀下去。

> 年幼的時候我們都好像受到控制，我們養成需要別人的模式，需要別人接受，需要別人批准，需要別人感激，需要別人鼓掌。
> ——戴邁樂（Anthony de Mello），靈修大師

「我們一年有兩次長程的郵輪之旅，去過的地方包括阿拉斯加、歐洲和中國。」怪的是她這番話竟讓我想起艾瑪十二歲時很愛跟朋友交換神奇寶貝卡，結果每次交換更像是賠本虧損。倘若我衡量自己的標準不是已造訪國家，而是我對不同文化的參與深度？倘若我不以擁有昂貴的除草機，而以陽光灑落草地的方式來衡量自己？不以搭乘過的郵輪次數，而是以我從船上認識的人身上學習到什麼？不以房屋稅和坪數，而是以夕陽西下時能否聽到湖畔的蟋蟀聲來衡量？

> 讓我聆聽自己，而不是聆聽他們。
> ——葛楚・史坦（Gertrude Stein），美國現代主義女作家

艾瑪更小時——就在她的人生開始會比較時——有一天她站在浴室的鏡子前看自己。對她來說，這是嶄新的一刻。無拘無束活於天地之間的童稚歲月就要結束，很快地她會像所有女人，開始拉扯自己的衣服，揣度那條褲子會不會讓她看起來很肥。在鏡子面前擺出模特兒，然後大聲喚我，「媽媽！媽媽！」我走到浴室門口，等著足以證明她迷失在美貌異教裡的鐵證出現眼前。「媽媽，」她說：「妳覺得……？妳覺得我看起來……」果然來了，我心想。

「妳認為我看起來有趣嗎？」她終於問出口。

我的心臟整個迸開。這種衡量自己價值的方式多麼棒啊——不是「漂亮」而是「有趣」這種丈量標準更好、更豐富，更有人性。這種標

準可以持久，非常有道理。這種
衡量自己的方式才是真正的標準
嘛。

> 愛是勇氣之舉，不是恐懼。
> ——保羅・弗雷勒（Paolo Freire，巴西的批判教育家）

燒掉牛仔褲

許多失望的人都曾在街角痴痴等候，只為了那輛完美的公車。
——唐納・甘迺迪（Donald Kennedy），史丹佛大學前校長

打從離開位於獨立大道那所自由中學後，不管走到哪裡我都隨身帶
著一條褲子，就像有人會隨身抱著頸圈鑲鑽的愛犬吉娃娃，有人胸前懸
盪著黃金幸運物，有人隨身帶護照，有人隨身帶鐵鍊球。

我隨身帶的是一件 Levi's 牛仔褲。這件牛仔褲所屬的年代正是最適
合打扮成頹廢的年代，那時的我穿上這件牛仔褲就覺得好舒服，口袋上
有我親手模仿名畫的彩繪，而褲襬則磨損得恰到好處。

經過這幾年，這件褲子已經變成一種符號、一種護身符，象徵著我
完美的高中身材。健康苗條的青少年身材，到處跑跳、健走、攀爬，騎
鐵馬。這種簡單的身材還沒經歷過心碎、性騷擾、父母離世、上班套
裝、拔擢升官、趕不上最後期限、鬼扯的會議、跟惡毒的人共事、苛刻
自己、朋友死去、恐怖攻擊、飛機上的液壓系統失靈、平庸地過著被高
估的成人生活。

這件牛仔褲四海為家，伴著我到大學生涯、陪我去德國、陪我上研
究所、陪我經歷一份份工作、搭船環遊世界、在華府住了二十年、最近
搬回北卡羅萊納州。最後，它落腳在衣櫥裡，而這裡距離我第一次穿上
它的地方只有五十四哩。陪我繞了地球整整一圈，那些丹寧布、那些鉚
釘，那個鮮豔的紅色標籤。

隨身攜帶並不是我出於自覺的決定，但它就是出現在我所在的每個
地方。那丹寧布提醒我，我不再有那樣的身材，因此我訂出一個大目
標，要把這條牛仔褲再穿回來。

一年一年過去。

我依然穿不進那件牛仔褲。定居華府時我恨自己總是達不到目標，於是參加健身俱樂部，跟著那位差點要了我的命的健身教練索爾一起運動健身。我灌下檸檬淨化汁，參加集體減肥班，研究《身材》（*Body*）雜誌裡瘦身前後的對比照片，認真程度彷彿正在解讀勵志名著《活出意義來》（*Man's Search for Meaning*）特別版裡的象形文字。即便經歷無數次的開始和結束、滿心的期望和失望，以及少少幾次的成功，那件牛仔褲依然沒被穿過，依然吊在衣櫃裡嘲笑我。

不管我飲食多正確（偶一為之），多努力運動健身（偶爾動動），也不管我生活其他方面多成功——擁有好丈夫、乖孩子、有點瘋但棒得很的朋友、出過書、還有響叮噹的頭銜——我就是穿不進那件牛仔褲。這個挫折讓我這幾年來覺得自己好失敗，每次看見衣櫥裡那件 Levi's，發現它以小巧的臀部線條來揶揄我，我就不自覺地湧起醜陋的沮喪感。

艾瑪六年級時，有天早上抱怨沒褲子可穿去上學。我克制住「家庭洗衣程序的第七條父母訓示」，靜靜聽她求我幫忙。我站在我的衣櫥門，發現眼前就是那件牛仔褲。為什麼不行？我心想，我大概要好一陣子才能再穿上它。

「試試這件？」我說：「有點復古風，雖然對妳來說太大，不過妳可以用皮帶紮緊。還有，記得還我，我改天會穿呢。」

「讚啦！」她說。

我想起穿這件牛仔褲那段無拘無束的自由時光——拿著我的低音單簧管練習鼓號樂隊，跟梅格在哈帝漢堡的停車場閒晃，在含羞草戲院觀賞以珍珠港事件為背景的電影《虎！虎！虎！》（*Tora Tora Tora*）、開著老爸那輛藍白色的 Oldsmobile 88——驀然發現儘管歲月流逝，這件牛仔褲仍是值得我追求的目標。它也是一盞明燈，指引我能像紙片人女星克莉絲·塔福克哈特，以及所有生產隔天就恢復名模凱特·摩絲身材的可惡女人一樣苗條。在我內心的最深處，我知道我是該留著這件牛仔褲來當我的聖母峰、我的奧斯卡獎、我的金牌、我深入尼羅河深處的黑暗

旅程、我的《全美觀眾票選獎》、我的普立茲獎、我的諾貝爾苗條獎。

艾瑪將牛仔褲拿進她的房間，半晌後拿回來，說：「謝謝，不過太小了。」將褲子拋往我的方向。

太小？

三十年來我努力想穿回這件藍色牛仔褲，結果我那身材精瘦、擁有運動員結實體格的十二歲女兒卻說太小？

> 對我們多數人來說，最大的危險不是目標定得太高但達不到，而是定得太低，太輕易達成。
>
> ——米開朗基羅

所有的東西都是一種隱喻，對吧？將牛仔褲換成那隻戴在你頸項間，跟著你走過大半人生，讓你無法將注意力放在真正目標，害你經歷失敗的信天翁上（譯注 2）。**這種目標是錯誤的吧**？這種沒價值、無法達成、不合理的目標是不是讓你感覺自己差勁，無法讓你覺得自己很棒、很對、很強壯？

我們為什麼要用不合理的期望來懲罰自己？在未達成該目標之前，讓生命僵在那裡等待？這種壓力導致的真正危險是什麼？不合理的期望會耽擱我們眼前的真實人生。「等到那時我再來做。」我們對自己說：「我現在不能做那件事，因為我還沒完成這件事。」就像你念研究所時若沒修過詩人彌爾頓的課，就覺得自己無法做其他事，因為每當你在路上轉個彎，就會見到你對《失樂園》（*Paradise Lost*）裡對雙重墮落的感受陰森地橫在眼前。聲明一點，我個人可沒這種經驗。

牛仔褲是真正的人生目標嗎？

夠了！

譯注

2 信天翁有時具有心理負擔（如恐懼、罪惡、詛咒）的隱喻。這種說法源自英國詩人塞繆爾‧泰勒‧柯勒律治（Samuel Taylor Coleridge）的詩作：《老水手之歌》（The Rime of the Ancient Mariner）。在詩裡，船隻後跟著信天翁本是幸運象徵，但船上有個水手射殺了一隻信天翁，此舉被視為召來災厄，為了懲罰該水手，其他船員命令他將死掉的信天翁一直掛在脖子上。

牛仔褲可以代表自由奔放、更簡單也更有活力、更無壓力、更無阻礙的生活方式嗎？或許，我該追求的重點是這種生活方式，而不是牛仔褲。

三十七天：即知即行的挑戰

這個禮拜找天傍晚，給自己倒一杯產自紐西蘭蒂夫考爾悌山酒莊（Mount Difficulty）的二〇〇二年份皮諾諾瓦（Pinot Noir）葡萄酒，或者一杯香醇的蘋果氣泡水，或者什麼酒都可以，走到你細心整理過的後院，拂掉椅子上的花瓣，放些依娃·凱西迪（Eva Cassidy）的甜美歌聲，從廚房拿些火柴和一小罐打火機油，到戶外燒掉那些舊牛仔褲。燒掉那些限制你，讓你看輕自己而非解放你的目標。要讓目標具挑戰性而非破壞性。審視目標背後的理由，這樣你才能看見真正的目標：你渴望的是牛仔褲還是其他東西？

那麼，我燒了那件牛仔褲了嗎？還沒。

行動：

專注的自由書寫：

• 花五分鐘描述你自己。

• 停筆。將這項描述劃掉。

• 設定三分鐘，再次描述自己，這次不能用到第一次的描述。

• 停筆，將這次的描述劃掉。

• 設定三分鐘，又一次描述自己，這次不能用到前兩次的描述。

現在，你終於觸到所有表象之下的你，在最後一次的描述中，你會發現真正的你，也就是在所有頭銜、獎勵和成就底下的那個你。接觸到這樣的你，可以幫助你設定更真實的人生目標。

如果你不知道要往哪裡去，你就要小心了，因為你很可能到達不了。
——尤吉‧貝拉（Yogi Berra），美國職棒大聯盟傳奇捕手

進擊：

列出你的十個目標。

- 針對每個目標，問問自己：何時要達成目標，該目標的背後理由為何？

- 將這份清單隨時帶在身上，接下來三十七天，每天早上重新看一遍。

- 你每天的行為若不是讓你離目標更近，就是更遠。如果你習慣性地做不出讓你更接近該目標的行為，或許不是因為你太懶……而是因為這些不是真正的目標。

- 三十七天結束時，重新看看這份清單。重新承諾自己，會努力做到你仍然想要的目標，並改變那些你不想要的目標。

連續三十七天，每天花五分鐘找找你留著等變瘦時要穿的衣服。現在就把它送給需要的人。

先對自己說你想成為什麼樣的人，然後去做你必須做的事。
——愛比克泰德（Epictetus），古希臘哲學家

先戴上你自己的氧氣罩

沒命就活不了！
——艾蜜莉・白朗特（Emily Bronte），英國女詩人，著有《咆哮山莊》

我現在經常搭飛機，但跟以前相比，次數還是少很多。

我和我那張「達美航空飛行過多」的超白金會員卡——真悲哀，這張卡代表我過著離陸地遙遠的生活——年年見證了我繁忙的生活。我幾

乎每個禮拜都要跟躲在達美航空官方網站裡的眾神膜拜，希望掌管機位升等的神能夠傾聽我的祈求，我渺茫地期盼那幾乎全滿的前排成人座位中冒出可訂位的訊息。這可算是我人生中最接近賭博的經驗，嗯，除了一九九五年那晚和紐西蘭朋友里查在墨爾本的賭場，不過那時我年輕多了。

我逐漸習慣空服員以單調的平音說明當飛機從三萬七千英尺往下旋轉墜落，大家難逃一劫時，我該怎麼拯救自己的小命。對這種聲音我熟悉到幾乎有聽沒到。老實說，我認為他們告訴你這些，應該是為了讓你在飛機墜落時有事情可以忙。如果我們以時速五百哩的速度撞擊水面，那些充氣的玩意兒真的有用嗎？如果我們沉到滿是鯊魚的水域，那件有著看似假哨子和閃燈的小救生衣真能救我的命？對了，空服員是否該去監控坐在逃生口那排乘客的酒精攝取量，以防萬一？沒有，我想應該不會，因為當我最近坐在逃生口那一排的座位時，就發現旁邊 18A 那傢伙整個人醉醺醺地擋在我和四十磅重的逃生推門之間。

美國九一一事件過後才幾週，我必須搭飛機。我內心交戰很久，到底這趟行程值不值得。其實我以前就有搭機恐懼症。同時間這麼多人待在一個輕巧的金屬殼裡，利用與微波爐烤箱同樣原理的動力，喝著小罐裝的酒精飲料，使用強力沖吸式的廁所，離地面這麼遙遠，由紐約飛到印度孟買，光想就覺得很違反自然定律。反駁的意見怎麼聽都很假，說服不了我：「掌控全局的人又不是你，是機長！」他們說這種話來給我打氣，彷彿這會讓我對搭機多點信心。

「對～～～極了」我會這麼反駁，「這就是我擔心的地方。若必須在雲層和草地之間的險境求生，我希望能掌控全局。」因此，我親愛的丈夫最近送我的生日禮物就是：飛行課程。

真令人驚喜啊，終於發現孤單一人時完全不會寂寞。
——艾倫・伯斯汀（Ellen Burstyn），美國女演員

我的朋友蘿絲瑪麗聽到我獲得的這份天才禮物，立刻發表如下看法：「妳是我認識的人當中最害怕搭飛機的一個，還妄想上飛行課？妳不是很怕在三萬英尺的高空被吸出飛機外？而且你還要攜帶罐裝呼吸器，以免在撤離燃燒機艙時被濃煙嗆息。到底是怎麼一回事？妳在面對妳的恐懼嗎？妳想要進行最終的控制？我現在就可以想見妳在緊急狀態會把方向盤從機長手中奪過來。」對，她一聽就知道飛行課程目的就是要讓我在遇到機長心臟病發作、動脈瘤破裂、因花生嚴重過敏，以致於不省人事癱瘓在控制儀表板上時，更有能力把一架波七七七從瀕死的打轉墜落中拯救上來。

　　不，我沒有任何控制狂的傾向，不過很謝謝妳開口問我。

> 語言……創造了「寂寞」來表達獨處的痛苦。但也創造了「隱遁」一詞來表達獨處的喜悅。
> ——保羅·田立克（Paul Tillich），著名神學家

　　九月十一日當天撞進國防部五角大廈的那班飛機，正是平常我搭去洛杉磯找朋友賈柏一家人所可能搭乘的。那天之後我多次想像自己就在那架劫數難逃的班機上。我想像最後那幾分鐘自己就要死掉的超現實頓悟。感覺好無力、好驚恐，知道情況回天乏術、無計可施，知道自己的好運和好日子已經結束。感覺想必令人震驚，不止是因為知道自己即將死去，更因為我終於遇到大關卡。我會先訝異自己如此倒楣，接著懊悔不已，並開始害怕我身後所拋下的東西——家人的哀慟、沒媽媽的女兒，無可比擬的痛苦，全都在瞬間發生。

　　有一次我從亞特蘭大搭晚班機到艾旭維爾市，經歷到一次規模較小但迄今回想起來仍恐怖歷歷的亂流。那次亂流很劇烈，時間也很長，飛機在一秒鐘內驟降一千英尺，那種墜落讓全機乘客嚇得噤口無語，緊緊抓住扶手，害怕飛出去，想寫張告別字條放進嘔吐袋裡，或在心中感嘆

> 所有人都像月亮，有著不為人所知的陰暗面。
> ——馬克·吐溫（Mark Twain）

為了微薄時薪，竟冒生命危險出差，尤其若把為了上路而得將衣服送洗和請人照顧孩子的費用算

進去，更加划不來。還有另外一次的降落也是千鈞一髮，事後才發現飛機的液壓系統在幾年前就已經有問題。

但唯有跟艾瑪搭機的那次，我才深覺擔負父母責任的人，有必要假裝空姐的安全說明很重要，甚至攸關生死（儘管我心裡否認，但理智上我知道確實重要。）艾瑪聽從空服員的建議，伸手去拿我們前方椅背口袋裡那張壓成紙卡的緊急逃生說明，我也跟著伸手去拿。

乘客跳出機艙，落在緊急逃生滑梯的那張圖讓艾瑪很訝異，「我猜，滑下來時不能摸到滑梯吧。」她疑惑地說，而且——我太了解她——還憂心忡忡，納悶要怎麼成功擺出圖片上的姿勢。

「什麼意思？」我說，一邊聽她說話，一邊專心尋找不須大腦就能觀賞的機上影片《當我們黏在一起》（*Stuck On You*）的聲音頻道。

「嗯，圖片裡那些人跳出飛機時都沒有摸到滑梯。」

確實如此，所有打扮光鮮的人脫掉鞋子，以漂亮精準的坐姿飄浮在從機艙門陲垂的那道鮮橘滑梯的上方，沒人碰到滑梯。難道他們都對滑梯的乳膠材質過敏？難怪她會擔心，因為連我都搞不懂這些人是怎麼飄浮在滑梯三英尺的上方，還有，他們的鞋子以及當初拉上飛機（還在走道上撞著我）的那些垃圾呢？17D座位那個大嗓門說話的商人有可能把他珍貴的筆電和那厚厚一疊關於市場占有率的PowerPoint投影片扔在身後不帶走嗎？不可能吧。這些投影片目前一張張整齊地放在紙卡上，但不知怎麼地我就是覺得到時它們就會四散滑落——我可是看過歌迷想衝進傑叟羅圖搖滾樂團（Jethro tull）演唱會的混亂場面。

我在跟艾瑪一起搭的那架班機上聽到這個指示：「若頭上的氧氣罩落下，請務必自己先戴上，再幫助周圍的人。」

先戴上自己的氧氣罩。

之前好像沒聽過這個指示。

如果你沒自己先戴上氧氣罩，你就無法幫助需要幫助的人。機艙內缺氧後，你保持清醒的時間只有十七秒。十七秒，之後你對別人就毫無用處。

我們多常忽略這種智慧啊。鎮日樂於照顧別人，努力當父母、當兒女、當伴侶、當老師，**有時卻忘了要照顧自己的需要**。我們不敢把自己放在第一位，因為害怕被人說我們自私。當然不是怕丟臉，而是怕在安靜時刻想起別人斬釘截鐵地批評我們的話語：他好自私，她只想到自己。我們用來詮釋他人外在行為的這些論斷其實來自我們的內心，或許多少摻雜著我們自己的渴望、不安全感或者不足，以及對自己過錯與恐懼的認知。

有時我在想，照顧別人——救別人——會不會只是為了逃避，不想救自己。如果我專注在你身上，就不必去注意自己。此外，救別人也可能剝奪他們的能力。朋友老是酒醉開車被抓到警局，你三番兩次保他出來，這是在救他們，或者只是強化救世主的自我形象？正如安·拉莫（Anne Lamott）在其著作《比翼雙飛》（*Bird by Bird*）裡的描述，有個妻子經常得把在醉倒在前院的丈夫拉進屋，免得被鄰居看見，有個女性朋友告訴妻子，「既然耶穌把他扔在那裡，你就讓他待著吧。」

先滋養自己，才能幫助別人，這種事情做起來的感覺如何？我可以把健身房的時間擠入行事曆中，就像排時間帶孩子去學低音號，參加同學的生日派對嗎？對我來說，我的氧氣罩就是單獨去圖書館，和其他成人共進午餐，或者在沒有塑膠動物的陪伴，或者有孩子在一旁吵鬧觀看下（請想像那種畫面）洗個泡泡澡。

> 我認為兩人關係的最高境界就是：彼此捍衛對方的獨處時光。
> ——里爾克（Rainer Maria Rilke），奧地利詩人

　　如果你習慣性去拯救別人，請學著放慢自己，先戴上你的氧氣罩。在你繫緊面罩的帶子時，想一想，或許你試圖拯救的人根本不需要拯救。如果你失去意識，就不可能幫助別人。深呼吸，要先自私才能無私。

行動：

專注的自由書寫：

• 花四分鐘，回答下列問題：我認識的人當中，最自私的是〔　　〕。在空格內填入對方的名字，描述他們表現出的什麼行為讓你覺得他們很自私。

• 停筆。邊讀時邊想，或許他們有些行為不是自私，而是關注自己，先戴上自己的氧氣罩。

• 回去看看你所寫的答案，重新把他們的自私行徑描述成「關注自己」，也就是先滋養自己。以這種態度來看待所有人，即使你真的相信他們很自私。強迫自己以更正面的角度去重新詮釋他們的行為。我知道，這很難，但很重要。

　接著，花三分鐘，寫下可以讓「你自己先戴上氧氣罩」的事情。這些事情可能只是每天早上趁著家人起床前，靜靜地喝杯摻有豆奶的薰衣草伯爵茶、每個月去按摩一次、給自己設定健康目標並排出固定運動的時間，或者只是讓自己多睡一點。列出你的氧氣罩，開始做這些事。

整理你的作品集

對很多人來說，藉口比成就好，因為成就不論多偉大，都會使你必須在未來繼續證明自己很行，但藉口可以延續一輩子之久。

——艾瑞克・賀佛爾（Eric Hoffer，美國著名的社會運動人士）

　　幾個月前兩位高中同學來訪，其中一個跟我二十九年沒見，另一個也有二十年。我們姑且稱他們湯姆和史帝夫。本來還有一個要來，但因故無法出席，就稱呼他愛德華吧。（我是不想等「高中畢業三十多年」這可怕的一刻來臨，所以趕緊邀他們見面。）

　　愛德華是個赫赫有名的髮型設計師暨形象顧問。我很怕他會批評我的頭髮，一頭已冒出銀絲的頭髮看起來就像吸水膨脹的棉花棒，或者說得好聽一點，像有機棉球。我正在留長頭髮，所以現在正是最可怕、最怪、最醜、最沒型的階段。頂著這樣的頭髮出門，你會很想告訴街上每個陌生人你正在把頭髮留長，否則打死你都不會頂著這種頭髮出門。

　　湯姆是個事業有成的室內設計師。喔，天哪，看看我家。我得在他來訪之前好好整理布置一下，重新油漆，還需要新家具，若地毯跟沙發更搭配就好了！或許我朋友凱可以從舊金山飛過來，告訴我如何擺放家具。據說她在某旅館住過一晚後，就替他們重新布置了整間旅館。當你需要電視節目《設計改造大驚喜》裡那個有趣的禿頭設計師時，他人在

哪裡啊？我的沙發椅背被貓咪抓壞了，看起來就像被路邊冒出的凶狠貓咪大肆踩踏過。

至於史帝夫，天哪，他成了外科醫生。我們以前還曾一起去迪斯可跳過舞呢。哇，那是七〇年代的事了。在他來訪之前我得減個一千磅，把頭髮染一染，琢磨一下舞技。

> 重點不在於你感受到多少痛苦，而在於你體會到多少快樂。任何白痴都能感受痛苦。生命滿是感受痛苦的藉口，找藉口不去好好活著，藉口、藉口，盡是藉口。
> ──愛瑞卡‧鍾（Erica Jong），女性作家

但我什麼都沒做。

即使我頂著一頭走樣的亂髮，即使我家沒有設計師款的家具，即使我的臀部因為生小孩而大了一圈，我們這群老同學還是很開心。我這些朋友個個事業有成，將高中那段茫然歲月拋在腦後，過著四處旅遊和成就斐然的非凡生活。我好想告訴他們，嗯，老實說，高中之後有幾年我過得挺不錯：那幾年我神采奕奕，甚至看起來很辣，那時我全世界到處旅行，住在香港的半島酒店、曼谷東方文華飯店，旅館幫我送洗的內衣褲還會折疊好放進小盒子裡。我曾跟郵輪的船長和各國大使共進晚餐，出版過幾本書，跟墨西哥的世界級作家卡洛斯‧富恩特斯（Carlos Fuentes）一起吃午飯，穿著睡衣訪問過著名歌手史提夫‧汪達。你們能找到我，是因為我今年剛好休假。

但我隨即發現，我不須再找藉口。這個臀部、這個房子、這個髮型，它們就是這個樣子。它們是我，是我的生活，這就是我！

最近我們全家出動到動漫祭，支持艾瑪想成為插畫家的最新志向，並藉此鼓勵她畫日本漫畫的興趣。她聽從其他動漫迷的建議，把自己畫的厚厚作品集帶著，扛在肩上，穿梭在會場裡的藝術家之間，走了好幾個小時。我們在一些展覽攤位跟人聊天，欣賞作品，看著繪畫工具，觀賞藝術家的傑作。每次我建議艾瑪把她的作品拿出來給別人看，她都猶豫拒絕。

就在我們準備離開走向門口時，她卻說：「妳認為我應該把我的作

> 我不接受「可是」這種答案。
> ——藍斯頓‧休斯（Langston Hughes），非裔美籍作家

品給別人看嗎？」

「妳想嗎？」我問。

「我不知道……不想……或許……想。」

我看出她內心很掙扎，一方面害羞，另一方面又很想跟人分享。剛剛在逛攤位時，我們跟幾位來自莎凡納藝術與設計學院（Savannah College of Art and Design）的年輕插畫家聊過，他們都很和善。「那我們何不再去他們的攤位，請他們看看妳的作品？」我建議。

「妳覺得該這麼做？」她說。

「來這種地方，妳就該這麼做。」其中一名年輕藝術家說：「把妳的作品帶來，拿出來給大家看。一開始要拿出來很難，但這點很重要。」他把艾瑪當作成人跟她交談，看著她的眼睛。他不是對我說話，也沒像多數大人對小孩隨口稱讚。我退後一步，讓她主導整個交談過程。

這些年輕插畫家對艾瑪的關心和注意是真實的禮物，他們專注凝視她的作品，不止稱讚她夠努力，也給她建設性的坦誠建議，這種回饋將能燃起她心中的熱情，讓她更願意學習和動手畫更多。

他們其中一人翻到她作品集的某一頁時，我聽到艾瑪說：「這張畫的很不好。」

> 我把我的成功歸功於：我從不找藉口，也不接受任何藉口。
> ——南丁格爾（Florence Nightingale），現代護理的創始人，有「白衣天使」之稱

「艾瑪，」他說：「如果妳不喜歡某個作品，就要把它抽出妳的作品集，不要在裡面放進任何需要找藉口的東西。在別人面前，妳必須對放在裡面的每件作品感到自豪。當妳給人看作品集時，他們會特別去注意較弱的作品。所以，把它們拿出來。」

「我懂了。」她說，忽然，
我也懂了。

我們走向會場大門時，艾瑪
真的整個人容光煥發。「我現在好想坐下來畫畫！」她說：「實在**太棒**
了！」

這些年輕的藝術家或許永遠不知道他們跟艾瑪的這番談話對她或對
我來說有多重要。有人以這種方式跟你的孩子互動，真的很讓人感動。
親耳聽到他說的話——**不要在作品裡放進任何需要妳找藉口的東西**——
是莫大的禮物。

我應該在我的作品集（這裡所說的**作品**是指房子、生活、大腦、人
際關係）裡放入什麼東西？我應該賣出什麼？應該扔掉什麼？我曾拼命
想隱藏什麼？我一直在替什麼事情找藉口？

三十七天：即知即行的挑戰

十八世紀英國詩人亞歷山大・波普（Alexander Pope）曾說：
「藉口比謊言更糟糕，因為藉口是謹慎包裝過的謊言。」我的藉口
是為了包裝什麼樣的謊言？我的「作品集」裡有哪些較弱的作品讓
我很想找替其藉口？記住那個年輕插畫家所說的話：如果妳不喜歡
某件作品，就把它們從「作品集」裡拿出來。在別人面前，你必須
對你放在裡面的每件作品感到驕傲。

行動：

專注的自由書寫：

- 假設你的記憶即將完全消失，請在五分鐘內寫下你想要或需要記住的東西。開始書寫。

- 五分鐘一到，停筆。

- 你寫了些什麼？你寫的是某些能讓你想起你是誰的人的名字和電話號碼，因為你習慣透過別人來定義你的生活嗎？你所寫的生活跟現在一樣嗎？甚至還寫了你不喜歡的事物嗎？或者你所描寫的就是你想要擁有的生活？由於你的記憶完全抹除，所以你可以創造你真正想要的生活！

- 花五分鐘書寫，創作出夢想生活的鮮明畫面，並具體描述：你在什麼樣的房間睡覺？跟誰共進早餐？整天做些什麼？以什麼當交通工具？工作的地方看起來如何？穿著打扮是什麼模樣？以何種姿態行走於世界中？

要如何才能開始創造這樣的生活？

> 想當判定人性的法官，就必須好好研究藉口。
> ——福瑞德區·赫伯爾（Friedrich Hebbel），十九世紀德國作家

來個擁抱吧

我們每天需要四個擁抱才能存活，八個擁抱才能維持生命，十二個擁抱才能成長。

——維琴尼亞・薩提爾（Virginia Satir），美國著名家族治療師

在一支黑白影片中，有個名叫璜・曼恩（Juan Mann，這名字的英文發音剛好是「一個人」One Man 呢）的高窕男子走在街上，帶著一塊白板，上面寫著「免費擁抱」。行人從他身旁走

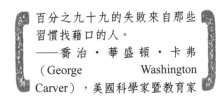

百分之九十九的失敗來自那些習慣找藉口的人。
——喬治・華盛頓・卡弗（George Washington Carver），美國科學家暨教育家

過，大家都跟我一樣盯著他看，想搞懂他的意圖——他想幹嗎？他不正常嗎？這是捉弄路人的玩笑嗎？背後有何故事？就這樣，來往路人直盯著他，沒人上前，直到有個駝背的嬌小老太太停下腳步，跟他擁抱。為

了配合她的身高，璜雙膝跪地，跟她抱在一起。就在那瞬間，黑白的影片變彩色，路人不再對他敬而遠之，而是開始走向他，展開一段段美妙幸福的邂逅——無預期的情感交流。熱情的免費擁抱，單純為了跟別人接觸，讓彼此有所聯繫。

真感人，讓我感到希望無窮，血壓也降低。

第一位告訴我有這支影片的是朋友梅德琳。「艾瑪應該會喜歡，」她說：「我相信妳在 YouTube 網站應該找得到。」

我女兒艾瑪的確很喜歡。她不止喜歡，而是很愛。「這影片讓我覺得好幸福。」看完後她不停這麼說：「我好愛這支影片。」她容光煥發，神采奕奕，這種表情在青少年故意耍酷的宇宙裡還真難得一見。

隔天早上艾瑪和我去田納西州的歷史小鎮瓊斯柏洛（Jonesborough）參加全美說故事節，她要去那裡訪問最會說故事的人，並將訪問拍攝起來，當成學校作業。我們好興奮能見到說故事高手，比如凱文·克林（Kevin Kling）、大衛·霍爾特（David Holt）、安迪·歐富特·厄文（Andy Offutt Irwin），高興到整天忘了吃飯。那天很晚入住旅館，在昏倒床上前我們先去吃晚餐。

「妳知道我想做什麼嗎？」整天走到雙腿痠痛的我們在休尼家庭餐廳吃烤起司三明治時，艾瑪忽然這麼說：「我很想在『說故事節』裡來個免費擁抱。」

我們大膽走入黑夜裡，尋找海報板和奇異筆。永遠開門的沃爾格林（Walgreens）藥房超市提供我們所需的物品。凌晨一點之前，我們完成了一張大海報：**免費擁抱**。

早上來臨，訪問過更多說故事高手之後，那一刻來臨。就在不可思議的生命片刻，艾瑪走向主街正中央，這時梅德琳也走上前。她就是第一位告訴我「免費擁抱」那支影片的人。

當你的雙手擁著我，我的雙手摟著你，這永恆剎那，即使有幾億年的時間都不夠我道盡。
——雅克·普爾維爾（Jacques Prévert，法國編劇暨詩人）

「我辦不到。」艾瑪緊張地

說。她不停把海報捲起來又攤開，重心從一腳換到另一腳。「我辦不到。」她重複地說，緊張地咬著嘴唇內側。「我辦不到。」

「寶貝，不用勉強。」我說：「可是如果妳真的想這麼做，我們可以幫妳。」

艾瑪一直很害羞，對她來說這是很大的一步，這一步距離她人生的安逸區非常遙遠，就像登上月球的阿波羅任務所跨出的人類一大步。之前做訪問時，明明前一天才演練過，她都會緊張得說不出話。「我忘了第一個問題。」她會這麼說，焦急地看著我，像一隻快要墜地的小鳥般害怕。「媽媽，妳提醒我第一個問題，好嗎？」

「我想，妳想問他們，為什麼他們認為說故事這麼重要？」我提醒她，「或者，妳可能想問他們，追尋故事的過程本身是否也變成一個故事？」就算有我提醒敦促，她還是經常緊張得無法跟受訪者說話。幸好他們都願意善盡侍從職責，替她找回聲音，有耐心地看著她努力擠出話語。

梅德琳最近告訴我，她從世界各地找來了一群女人來幫她慶生，幫助她更勇敢當自己，給她回饋，給她擁抱。週末時，梅德琳跟這群女性朋友說：「我正試圖找回我的聲音。」

她的朋友佩特開口說話，給了梅德琳她真正需要也想要的誠懇忠言。「我實在受夠了一堆白種中年女人成天說要找回她們的聲音，這種話我聽過幾百萬遍。現在，我只問妳一個問題：如果妳有聲音，妳要說什麼？」

如果妳有聲音，妳要說什麼？

或許，就跟艾瑪一樣，你會以那個聲音宣布你要開始自由擁抱。但也可能你的聲音會說——啥？

梅德琳和艾瑪一起走到主街的正中央。我拿著三腳架和攝錄機，站在一旁看。艾瑪怯怯地舉高海報時，梅德琳靜靜地走向她，給她一個擁抱。我在遠遠的地方錄影。梅德琳後退時，攝錄機觀景窗的左方閃過一個鮮豔的身影，有一雙手快速移動，像一團醒目的紫色彗星閃過，開心

奔放的身影後搖晃著一搓搓的黑色髮辮。女人一把抱住艾瑪，將她舉離地面還轉圈圈。就這樣，艾瑪開始體驗免費擁抱。

> 愛比法律更為嚴苛。
> ——屠圖主教（Archbishop Desmond Tutu），
> 曾獲諾貝爾和平獎的南非大主教

　　有些路人小心翼翼，從旁走過，卻不停回頭看，納悶是怎麼一回事。有些則靜靜地走向她，擁抱，帶著微笑離去。很難預測誰會停下來擁抱，誰不會，我得承認我很驚訝某些人竟會留步擁抱艾瑪。不知道為什麼，總之他們看起來就不像會擁抱的人。可見我們真是大錯特錯。我看著我們之前沒拿出來給世界的好禮物，暗自思忖著，我們之所以沒這麼做，只是因為害怕別人可能的回應。畢竟，拿著免費擁抱的海報走向世界，卻換來視而不見、閃避、嘲笑奚落、懷疑質問，這種挑戰極為艱鉅，不是嗎？

　　艾瑪進一步冒險，把海報舉得更高。她走出攝錄機的觀景窗外，走向主街上的世界裡，擴展她看世界的方式。剛開始看不見她的身影時，我有點驚慌，但隨後放鬆自己，頓時明白對我們母女的未來而言，她離開原位的舉動是多麼大的隱喻。她正直接面對這個世界，沒有我的保護，更重要地，也沒有我的介入。有一組電視臺人員在訪問她，路人從旁走過，有人停下來擁抱，露出微笑。她辦到了——她做到了對她來說最困難的事情。

　　我們開車回家，兩人都累壞了。「妳的訪問做得很棒，寶貝。」我說：「我知道這很難，我真的很以妳為榮。這週末有什麼事讓妳最喜歡？」

　　「免費擁抱。」她毫不遲疑地說：「免費擁抱棒透了。」

> 跟你說話，我感受到庇護。
> ——愛蜜麗‧狄更森（Eimily Dickinson），十九世紀美國女詩人

拋開舒適的外殼，卸下我們強加在自己身上的稜角，這樣一來就會發生大事。而這大事就是

我們當下沒有意識到的生命意義。

　　擁抱對健康有益，讓人常保微笑。

三十七天：即知即行的挑戰

　　在政治正確的濃密叢林中，我們彷彿失去自己某些重要的東西。因為害怕被誤解、怕冒犯，怕有性騷擾之嫌而尷尬地避開他人，整個社會大鳴著「舉止適宜」的女妖之歌。我納悶，為什麼擁抱變得這麼令人害怕。難道我們放棄了直接接觸的需求或能力了嗎？什麼樣的恐懼使我們疏遠彼此？

　　免費的真正意思是什麼？是指沒有條件，沒有期望，毋需決定價值，沒有邪惡動機。我真正免費地給予的次數有多少？我的這項天賦被某些奇怪的欲望表達或我本身的需求給取代了嗎？

　　我想，璜・曼恩之所以感動我，是因為他的免費擁抱是真的很自由。給別人免費擁抱，試試一天抱四次，把十二次當成努力的目標。在擁抱這件事上恣意妄為一番吧。

行動：

專注書寫：想像你站在市中心，手上拿著免費擁抱的海報。

- 花五分鐘寫下你的感覺，包括身體的和情緒上的。當別人直盯著你，指指點點，或者視而不見地從你旁邊走過去時，感覺如何？當他們張開雙手，一把抱住你時，感覺又如何？

- 停筆，將「重點」在你看來最醒目的詞彙或字句圈起來。

- 現在花五分鐘針對那個詞彙或字句加以描述。

進擊：

　　有些人對於擁抱會感到不自在，這時可以透過別的方式表現出你願意敞開心胸，跟人連結。除了擁抱，你可以列出五種跟周遭的人有所連結的簡單方式嗎？或許是面帶微笑，或者主動道早安，或者稱讚別人？關心他們伴侶的新工作，或者提到他們的孩子或寵物時能直接說出名字？列出幾種跟人產生連結的方式，接下來三十七天，每天練習，留意你的生命品質因這種練習而有何不同。

保留手寫的購物清單

最淡的墨痕亦勝過鮮明的回憶。
—— 中國諺語

　　有張行李牌會讓我想起父親寫字時手如何移動，如何握筆。這張行李牌就是那張藍色的塑膠行李牌，一側印有「現代理髮店」的字樣，另一側寫著他的名字，行李的所有權人。

　　他在一九八〇年過世，從他離開人世的時間，比他活在我生命裡的時間還要久。當然，他離開的時間久到足以讓我走出不知所措、迷惘難受，以及沒有父親的這些年。肯定如此。而一個簡單的灰藍色塑膠行李牌——真諷刺，這東西竟然意外地成為一個未曾出國的人的身後紀念物——毫無預警地忽然出現在閣樓的箱子裡，讓我突然失去呼吸，我甚至可以在嘴裡嚐到不小心咬到鋁箔紙時的錫味。

　　當我回過神，記得該呼吸時，驀然明白一件事：我也必須親筆書寫。我不要只在我迷戀的機器上打字，應該停下來，拿出真正的紙、一枝好的原子筆，以我自己的手，以弧形的字母和尖角的小點來記錄我在這個世界走過的痕跡，即使在我看來這種字跡沒什麼特色，但別人一看就知道是我，就像我一眼就能認出父親的筆跡，即使他沒寫自己的名

字。他寫字時會把小字體和大字體混合，大寫和小寫交錯。比如寫Mel-vin 這個字時，l 這個字母永遠不大寫，但 E 和 N 倒經常大寫。寫 5 時，經常把 5 的尾巴倒鉤一圈，寫字母 g 時總是把它寫在其他字母那一行的上方。

小寫字母 i 上方的那一小點鏗鏘有力，完全就是老爸的特色，這個字母不管出現在什麼地方，我一眼就能認出來。我以前保留過一張他去購買日用雜貨的採購清單，我把它夾在護照裡，跟著我全世界跑了好幾年：BrEAD, MilK, grapEjEllY（麵包、牛奶、葡萄果凍）。只寫著這些。可是有一次我去亞洲時搞丟了，我心急如焚，因為我剩下這點隻字片語可以紀念他，直到出現這張行李牌。

> 過去永遠不死，甚至不會過去。
> ──威廉·福克納（William Faulkner），美國小說家

> 童年時所記得的東西會牢記一輩子，變成永世糾纏的鬼魂、蓋上郵戳、沾上油墨、烙印銘刻，一輩子都看得見。
> ──辛茜婭·奧齊克（Cynthia Ozick），美國女作家

所以，他又回到我身邊了，他超越了靜態的照片，承載了他的意志。這張行李牌代表了他和我計畫某天出發的所有旅程（若能讓他的聲音回來就更好了）。我女兒對我的印象，多半是我打字的畫面，而我打的那些字就是此刻你眼前讀到的這些。沒有貿然俯衝的字跡、奇怪的小點，和遒勁有力的 T。在這份打字的文本中，有的是可以隸屬於任何人的符號。

幾年前，就在我的第一本書問世之後沒多久（我把書送給親朋好友時，在書背上貼了一小片塑膠製的紅色放大鏡。唉，書脊上我的名字印得太小了嘛），有人問艾瑪，她媽媽靠什麼維生，那時艾瑪才七歲。我聽見她說：「她是打字小姐，負責打字。」我懶得去修飾她的用語，讓它比較符合我的真正樣貌，或者讓它聽起來更悅耳、更令人刮目相看。

「對，」我淡淡地說：「我打字，我是打字小姐。」作家若極度迷戀紙張和筆墨，那會如何？

聲音的特色、人的獨特性，以及個人使其話語之所以合理的方式，不止透過字句的累積和意義表現出來，也存在其構成方式、標點符號、線條和弧度中。擁有它們，就像對方又栩栩如生出現在我們面前，彷彿他們的動作可以重現。

在這張行李牌上，爸爸的筆跡裡不止有他所留下的訊息，還包含了他的手和指端的回憶。在這樣抑揚頓挫的字跡中，我見到了他那六尺身軀穿著鮮綠外套，搭配黃綠格子褲，打著七〇年代寬版領帶，穿著那雙難走的閃亮濃黑尖頭皮鞋，在世界移動的模樣。

我們不該在打字的世界裡喪失筆跡，畢竟這是極具個人特色的識別證。讓我們好好叛逆，把貝雷帽戴成時髦瀟灑的角度，坐在敢驕傲宣示「本店沒有無線網路」的咖啡廳裡，在含有百分之三十再生紙的紙條上（或許上面還有醬油漬呢）潦草寫下我們的詩，擬出要採購的日常用品。

文字的生命不止在其所表達的意義，就連其形狀、帶給人的感受、節奏感和辨識度也能傳達出某些東西。年幼所形塑出來的個人筆跡會延續一輩子。喔，撇開某些風格不談啦。比如小學四年級我們寫 i 時，通常會把上面那一點畫成圓圈，或者在字母的尾端來點花式變化，讓字母往上捲成一個心型或花朵。這種階段性的表現手法會慢慢消失，但粗厚鉛筆寫下的第一個偌大字體的骨架依舊存在。

歷經歲月的筆跡裡有一種美，我真怕我們會失去那樣的美。透過位元所進行的快速溝通使我們無法把俐落工整的字體來個花式旋轉。我們的功利主義取向抹煞了祖先所創造出來的繽紛世界，我們本能式的回應否定了提筆沉思的權利，使得我們無法在落筆前暫停下來思考，等待思緒迷霧化開，浮現出最適當的遣詞用字。寫字，以前是一門藝術，但現在不再具有相同的美感了。真的，真的太快了。如果快到訊息能像子彈射入我們的 e-mail 信箱，或許我們就不會留意到寫字的藝術已經失傳。

我最近收到一份包裹，寄件人是我小學四年級老師的女兒。她在清

理地下室、整理母親遺物後，寄了這份珍貴的禮物給我。「史密斯老師是全天下最棒的老師。」在我四年級時她已經六十五歲，

> 回憶就像孩子沿著沙灘漫步，你永遠不知道他會拾起哪顆小卵石，連同其他珍藏品一起留存。
> ——皮爾斯·哈里斯（Pierce Harris）

那一年教完我們就辦理退休，但我們持續通信，保持聯繫，直到數年前她以九十三高齡辭世，才讓我們將近三十年的書信往返劃下句點。我會把我編織得歪七扭八的小織物寄給她，在世界各地旅遊時也不忘給她寄張明信片，而她也常捎信來稱讚我、挑戰我，或者單純問候。

上次我們去拜訪她時，九十歲的她還在走廊上跟六歲的艾瑪賽跑。她用報紙替艾瑪摺三角帽玩錄音機。一個米、紅色相間的塑膠玩意兒是以前小學時會用的教具，讓她愛不釋手。她對生命的熱愛使她成為不可多得的好老師，即使經過三十年，那股熱情依舊不減。

包裹裡有原本擺放在史密斯老師家的兩隻玻璃鳥，這是要送我女兒的禮物，一人一隻，好讓她們一輩子都能帶在身邊，記念這位了不起的女性。而其中最為珍貴的禮物就是一捆我寄給她的信札、節日卡片，以及小紙條，這些象徵著三十年來的師徒之情。裡頭當然不止有我四年級時的稚嫩筆跡，還有她的字，那種娟秀風格正是她的招牌字跡。打開包裹，她彷彿重現我眼前，雖然對我來說，她當然永遠不會離開，就像我父親從沒離開過我。

三十七天：即知即行的挑戰

一筆一畫都具有力量。終有一天某人會珍惜你那飄浮似的 G，以及尾巴繞圈的 5，把它們當作是橡皮救生艇，讓他們得以抓住攀浮片刻。筆跡有意義，不止具參考性的意義，而是真真實實、具體歷歷，有人性價值的意義。請保留購物清單，以留住那美好時光。提筆寫字，別只當打字員。

行動：

專注的自由書寫：

• 花五分鐘回答這個問題，想到什麼就寫什麼，不要停下來思考：我的祖父是個……的人（如果你跟祖父不熟，就寫其他長輩。）

• 五分鐘後停筆。

• 再花五分鐘寫下你希望你的孫兒女（如果你沒小孩，就寫晚輩朋友）會怎麼回答上述問題。

進擊：

　　接下來三十七天，提筆寫十封手寫信給你認識的人。我建議你可以泡杯茶，吃一塊草莓司康，拿起你愛的那枝筆（墨水令人喜愛的那枝），舉筆沉思，然後落筆書寫。在信封上以漫畫手法畫出你正在說他們家的地址，然後貼上郵票。讓這樣的書寫成為習慣，給朋友驚喜。

去愛不值得愛的人

除非讓愛普及眾生，否則心靈將難以平靜。

——史懷哲

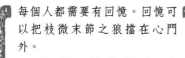

每個人都需要有回憶。回憶可以把枝微末節之狼擋在心門外。
——梭爾・貝婁（Saul Bellow），美國諾貝爾文學獎得主

　　要去愛值得愛的人很容易，但要愛不值得愛的人就難多了。

　　高中時我對美國內戰的複雜細節瞭若指掌，我知道所有前後

任的美國總統，我可以背誦蓋茲堡宣言、馬丁路德・金恩博士的演講《我有一個夢》，威廉・福克納領受諾貝爾文學獎時的致詞。我可以滔滔不絕、如詩人般慷慨激昂地陳述美國憲法的起草過程：誰在場、誰不在場別害我開始抨擊。）

我怎麼會對歷史這麼熟悉？

不是因為我天生就愛研讀過往事蹟，而是因為我有一位能讓歷史變得生動有趣的年輕好老師。史諾老師把整間學校變成歷史場景，有將軍、國王和軍隊奔跑過走廊，青春痘部隊大軍狂掃餐廳，管樂團練習室和化學實驗室有瘦巴巴的少年群飾演拿破崙和步兵，重現零星交戰場面。一七七〇年發起美國獨立運動的政治家派翠克・亨利（Patrick Henry）那段「不自由，毋寧死」的談話拿出來重演，還在教堂尖塔掛上兩只燈籠，以示英軍乘船來襲的畫面，以及波士頓港的傾茶事件。

我們知道這些，是因為史諾老師讓歷史變得活靈活現，沒有一秒枯燥，沒有一堂課是坐著不動。他帶我們穿越歷史時空，讓我們透過旺盛的荷爾蒙去扮演不同的角色，親自去經歷那些事件。剛從研究所畢業的他是個創意十足，精力充沛的老師，滿腦都是點子，能以旺盛的創意把一門課教得精彩生動，而這堂課若落在其他較沒能力的老師的手上，應該會上得無精打采、昏昏欲睡。

畢業後許多學生都跟老師失去連絡，就連那些我們認為很棒的老師也沒再接觸。我不知道大多數老師的下落，但我清楚知道史諾老師每天每刻會在何處。

後半輩子他都會在監獄裡。

二〇〇二年十二月十六日，史諾老師被判決有罪。他被指控犯下數百起一級性犯罪，以老師的身分跟學生進行性行為，另外還綁架兩名男學生，犯下一級綁架罪。

即使我們無法喜愛某人，仁慈也在我們能力所及。
——山謬爾‧約翰生（Samuel Johnson），十八世紀英國作家

　　這個人的生命發生了什麼事？

　　我要怎麼接受這個消息？怎麼接受我認識的史諾老師會犯下這種駭人可怕的性侵害罪，而且長達數十年？這消息讓人好困惑！我對他的認識全然崩解。

　　他入獄時，我的第一個念頭是跟他聯繫，但我猶豫了。我能說出我對這一切的感覺嗎？若我寫信給他，別人會不會以為我饒恕他所做的事？所以，我終究沒寫，雖然我的直覺要我提筆跟他連絡。

　　一年一年過去，他繼續為不可饒恕之罪付出代價，而我心中的焦慮感不停告訴我，不聞不問這條路對我來說行不通。我知道不管他做了什麼，他仍是個有血有肉，會呼吸的生命。他不止是他所犯之罪的禍首。我實在不能讓他孤伶伶在監獄渡過餘生。

> 如果你恨某人，你恨的是他身上跟你一樣的某個部分。與我們完全無關的事物根本不會煩擾我們。
> ——赫曼‧赫塞（Herman Hesse），德裔作家

　　我花了三年想清楚自己的責任後，終於寄出第一封給史諾老師的信。促成我提筆寫信的動力來自於當地報紙的某則專欄。作者是老師，她寫的是以前學生的故事。那個男孩還是維吉尼亞大學傑佛遜獎學金（Jefferson Scholars）的得主，擁有天才的智商，一九八五年卻因謀殺女友父母而身陷囹圄。

　　詹斯‧索林（Jens Soering）堅稱自己清白，而且也有令人信服的證據證明他句句屬實。

　　讀了這篇文章後，我跟作者珍‧法蘭克林通信，她跟我解釋為什麼她會持續跟這名她相信是清白的學生保持聯繫。「但我之所以決定去探望詹斯並不是因為他有罪或者清白。而是因為對我來說，師生關係是無

條件的。學生來找我，不管好學生或壞學生，我們都會努力引導他們向善。我教了詹斯兩年，知道這孩子有善良的一面，不管他有罪或無罪。妳或許也能看見以前那位老師的善良面，雖然他並不完美。」

我無法饒恕史諾老師做的那些事，也憎惡他的行為。我不懷疑他該被定罪，也不會哀嘆他落得終身監禁的下場——我相信這種判決符合公平正義，因為他給那麼多男孩和他們的家庭造成難以撫平的傷痛。我真心希望這些事情不曾發生，然而這種希望於事無補，徒增悲傷，因為我們知道現在說什麼都為時已晚。

我好希望他的生命走上不同的軌跡，畢竟他是個才華洋溢的老師。但他步上歧路，成了編號 0787172 號囚犯。然而，我認識的那個史諾老師依然存在他心裡的某個地方，不是嗎？

我不確定寫信給史諾老師對我們兩人有何意義，但我知道若與他連絡，我就能找到我自己很重要的部分。他讓我看見了世界，我知道若沒有他，我沒機會看見這樣的世界，而現在，我就是他跟外在世界的橋樑。與他聯繫正好給我上寶貴的一課，讓我知道真正的愛是什麼——不是便利、快樂的愛，而是更困難，沒有條件的那種愛。

> 我經歷的所有事物，都有部分的我參與其中。
> ——丁尼生（Lord Alfred Tennyson），英國詩人

> 有人的地方，就有機會表現仁慈的機會。
> ——塞內卡（Seneca），古羅馬哲學家

三十七天：即知即行的挑戰

探索並擴展愛人和原諒的能力。去愛那些不值得愛的人。正如英國作家卻斯特頓（G. K. Chesterton）所言：「愛，意味著能夠去愛不值得愛，或者毫無長處之人事物。」在你的生活裡，誰不值得愛？去愛他們，感覺如何？去愛他們，會讓你有何改變？

行動：

專注的自由書寫：

- 問問自己這個問題：我跟在監獄裡的囚犯有何共通點？花五分鐘寫下你跟囚犯的共通點，愈多愈好。一口氣寫完，中間不要停，整整寫五分鐘，要求自己更深入找出相似處。
- 五分鐘後停筆，讀讀你所寫的東西。
- 現在花五分鐘回答這個問題：如果身繫囹圄，什麼能帶給你安慰？

進擊：

在記事本裡列出五位似乎不值得愛的人。或許是破壞你決定的家人，或者剽竊你點子的同事，或者會虐待動物的鄰居，甚至可能是猥褻孩童的獄友。接下來三十七天，每天以某種方式愛他們。你可以在心裡愛，或者實際表現出來。每天早上有意識地把這五個人放入你的思緒裡，每天去審視你對他們的反應，主動去跟他們接觸，表現出你對他們的愛。重點不在於他們如何回應，而在於你如何行動。

一隻大黃蜂飛進了我的住處
牠並不想進來，開始驚慌失措
從玻璃窗看見外頭
牠用力推窗
希望能到牠想去的地方
驚慌的牠沒能放下任務，稍作停歇
以便看見敞開的窗戶就在幾吋外
在工作或生活中，我跟大黃蜂好相像
我看見我想去的地方
驚慌的我
忘了尋找敞開的窗
所以，我用力推，不停推
以為我這麼辛苦應該有回報
事實上，倉皇的我
成了不停撞玻璃的蜜蜂。

——瑪麗貝絲‧費德勒（Marybeth Fidler），「大黃蜂」

第七章

直覺：信任自己

藉由理性，我們得以證明；藉由直覺，我們才得以發現。
——亨利‧龐卡瑞（Henri Poincaré），法國數學家

今天——不是明天——是跳下去的一天。

我可以感覺到，就像足球的後衛球員上了年紀後，每次快下雨就能感覺到膝蓋的存在，就像當母親的人在雜貨店零食貨架區，總能感受到孩子正放開喉嚨尖叫。我可以感覺到，跳下去的時刻就要來到。

我所說的**跳**，並不是「高空彈跳」的跳，也不是「跳樓」的跳，後者是意外，而我說的跳是深思熟慮，有意識的跳躍。如果你要讓朋友以重力加速度的方式往下掉，那麼跳下之後的墜落就是一種達成目的之確認動作，而不是失敗的表現。

往下跳跟墜落不同。我們經常因外在的各種力量而墜落（我們思考、我們合理化、我們歸咎別人）。真怪，多數時間我們竟然會因為不跳而墜落。

今天是讓地心引力受驚的日子，放開單槓，丟掉自己。你的翅膀或許會被烈陽灼傷，就像希臘神話裡的伊卡魯斯（Icarus），或許正如詩人傑克‧吉伯特（Jack Gilbert）所寫道：「伊卡魯斯墜落時不代表他失

敗，他只是走到勝利的盡頭。」那你的勝利呢？或許你必須跳下去才能抵達勝利：伊卡魯斯若沒先飛，就不可能墜落，不是嗎？

我納悶，伊卡魯斯怎麼會知道何時該跳。還有我們怎麼知道？難道是先仔細研究過 Excel 的資料嗎？或者看過野心勃勃但充滿誤導資訊的 PowerPoint 裡那些急速擴增的版圖？或者，是我們的直覺告訴我們時機到了。

有時我們因為不信任自己難以解釋的衝動，使我們擋了自己的路。十九世紀美國主張廢奴的亨利・瓦爾德・畢雀爾牧師（Henry Ward Beecher）說：「我們人生大多的陰影都是自己站在陽光下所造成的。」其他的陰影則是一落落高聳駭人的資料所造成，使我們無法看到真理。我們忽視自己的真理，也就是深埋在我們內心的部分，反而往外尋求肯定。

我們以這種方式來投射出自己的影子。正如禪宗格言所提醒：「人站在自己的陰影下，卻納悶四周怎變得如此黑。」

親愛的讀者，哪天我們相遇時，我會很希望以我那臺美麗的小 Canon 相機來跟你拍照，來記錄這一刻。

這時一定會有人衝過來，說：「嗨，我來幫你們照。」這時我會揮手婉拒他們，說我比較喜歡自拍，依照我自己的方式來。當我自拍時，我會想像自己是個大師。

我會站在你的左肩旁，左手拿著相機，食指放在上方的快門，相機的小吊帶繞在手腕上。我會把左手伸到最長，舉得高高，大約在肩膀上方一呎左右。我們的頭會自然地靠在一起——彷彿早已相識多年——心照不宣地大笑或微笑，或者扮鬼臉，然後我按下快門。

若夠幸運，我的左手會入鏡，這種會洩漏背景的照片我超愛，例如最近那張我和艾瑪在開往墨西哥堤華納市（Tijuana）的電車上所拍的就是這種照片。照片邊緣的前臂洩漏了我們的故事：兩個女人自己邁向世界。我們獨立自主，是一座只容我們母女的孤島。而你、我最終相遇時也會融合成一座島嶼。我有好幾百張遇見他人時所拍的照片。

對我來說，自拍已經成了一種藝術形式、一種習慣、一種對人際關係的沉思。

有時我們的頭會被切掉（手的位置不對），有時太陽刺眼到我們瞇起眼。或者我們哈哈大笑使手震動，造成照片模糊。這些都是帶著缺陷的美麗回憶，就像生命總會有遺憾。

最近我去新墨西哥州的澤梅茲區（Jemez）參加工作研習營時帶了相機。那裡的太陽很大，天空一望無際，光線強烈刺眼。「愈光亮的的地方，陰影就愈

> 你必須讓你四周迴盪的隱形聲音進得去你的心。
> ——喬治·沃爾夫（George C. Wolfe），美國當代劇作家暨導演

深。」德國詩人歌德曾寫道，確實如此。新墨西哥的紅土地上確實有很深的陰影，若太陽角度夠斜，沒有從頭頂上方直射，土地顏色看起來簡直像勃艮地葡萄酒。

就在我們要去澤梅茲溫泉之前，無意間發現靠近印第安人村莊附近有座巨大岩石。「我們真該在這裡拍照。」我說：「不過現在光線太強，要拍的話得傍晚再拍。」幾天後我們果真回來這裡，斜陽使岩石發散出美麗紅光。「太美了，」我說：「在這裡停一下。」

我想以紅岩當背景，好帶回家給約翰看。「我們站在這裡，以岩石當背景。」我告訴大衛。他知道該怎麼做。我們調整姿勢，我站在左邊，左手伸直舉高，拿穩相機。我們微笑，我按下快門。

我放下手臂，將相機轉個方向查看拍攝效果。「傷腦筋！」我說：「我們臉上有大陰影。」我搖搖頭，仰頭瞇眼望向太陽方向，想知道是什麼擋住了太陽。

「往左邊移動一點吧。」我提議，想弄清楚是什麼造成陰影。是前方的電線杆？野餐小屋？一定是，不然還會有什麼東西擋住陽光？我們往左邊移動三呎，我舉起手，再次按下快門，然後迅速將手抽回，檢查照片。「可惡！」我這次咒罵得更厲害，「太扯了，怎麼可能？到底是什麼造成陰影？是那間野餐小屋嗎？我們再移過去一點！」於是我們又

開始往左邊移動。我伸長脖子四處張望，激動地尋找罪魁禍首——到底是什麼妨礙我們？大衛看得出我氣炸了。

我再次透過取景窗察看，想尋找破壞照片的線索。

我發現陰影的形狀是長方形。

事實上，形狀就像照相機。

是我自己造成陰影，是我手中的東西所造成的。**是我擋住了陽光。**

我放聲大笑，久久停不了，笑到彎腰捧腹。我笑的不是那陰影，而是我對這事情的反應——怪電線杆、怪野餐小屋、怪太陽，怪東怪西。我笑完後，發現自己從此事體會出很大的道理。非常大的道理。

我在想，我會不會經常給自己製造出陰影卻毫不自覺。我是否經常從右邊移到左邊，想擺脫那個事實上由我自己造成的陰影？我是否把什麼東西舉高，擋住了我自己的太陽？

我們必須跳出自己的陰影，但有時我們會遲疑，以為我們需要資料來佐證——我們等待，想清楚知道會如何落地、會跟誰一起落在什麼地方——然後才願意往下跳。但這時已經太遲了。你不可能知道，直接跳下去。你可能必須跳離某人，或者跳進你的誠實。你的翅膀若不是展開就是閉合（其實連翅膀也是你自己虛構出來的），不管翅膀有沒有張開，你翱翔所見到的景色一定會美不勝收。

我發現這個訣竅很管用：記住，你離地的時間絕不會超過三分鐘，而且落地時一定會發現那裡有著你前所未見的珍鳥奇獸和花朵，你的降落傘會輕輕落在四周，創造出有你參

與其中的環境雕塑，宛如著名環境雕塑家克里斯托（Christo）的作品。翠綠小丘上矗立著鮮黃的絲布，標明出你的降落位置。

跳，跳。

靠直覺找出沒有陰影的地方，就在那裡，在內心某處，你一定知道。

慎選同行伴侶

除非你曾經從空中看見樹的陰影，否則你不算見過樹。

──愛蜜莉亞・埃爾哈特（Amelia Earhart），著名美國女飛行員

幾年前我受邀在一場高達一萬兩千人的國際研討會中發表演講。我還不曾有過這麼多聽眾，跟我一起站上講臺的，還包括我合作了一、兩年的同事。

我們離開華府時是夏日的蔚藍晴天，起飛不久後我清楚感覺到狀況不太對。機組人員沒有遵循起飛後的一般程序，我反而看出他們明顯發抖，倉皇地翻閱緊急手冊。

這種行為還真鼓舞不了人心啊。

終於，駕駛艙傳來廣播聲，說飛機有點小問題，必須返回原機場。在離地這種高度，我真不想聽到問題這個字眼。我開始擔心，而我的同事則抖個不停。

幾分鐘後駕駛艙的廣播聲音說，飛機的液壓系統失靈，但我們不能返回華府的機場，必須改降在巴爾的摩機場。

暫且打住，我先說明一些事：**飛機的液壓系統非常重要，具有致命的關鍵作用**。沒有它，飛機就無法轉彎、飛上或飛下、也無法降落──你或許可以說，沒有它，你差不多會完蛋。就像艾瑪還小時，暈車快要吐之前都會說：「快要完蛋了。」親愛的朋友，事實上我當下就知道這會非常、非常慘，那種無法挽救的慘，它很可能變成我人生最後一段經歷，變成十一點新聞結束前的快報，讓我每次飛行時最害怕的噩夢成

真。我們坐在前排，所以能清楚看見空服員的臉龐和聲音流露的驚恐，即便他們可算是專業人員。

由於液壓系統的小問題，使得這架飛機變成，嗯，有麻煩。我們飛抵巴爾的摩機場前那段期間簡直像一輩子般漫長，鴉雀無聲但具體歷歷的恐懼愈升愈高。事後我才知道，之所以飛往巴爾的摩，是因為墜毀時才不會波及太多飛機。

> 能讓你在凌晨四點打電話打擾的朋友才重要。
> ——瑪琳·黛德麗（Marlene Dietrich），三〇年代美國著名女星

飛機若要轉彎，機長得輪流關掉一側引擎，把另一側馬力全開，左邊、然後換右邊，左邊，再換右邊。若要降落，得以滑行的方式。靠近我們的空服員說起釋放燃油，以降低飛機爆炸的威力。我們往下滑行時會慢慢變成火球嗎？這時，機場正大批出動緊急救護車輛，並在跑道上噴灑滅火泡沫，照理說我們愈靠近機場應該愈安心，但見到這種畫面卻讓人更緊張。

在闃寂中，我們彷彿以慢動作下降，整個機艙只聽見最資深的空服員一遍又一遍告訴乘客，採行俯抱姿勢，雙手交叉，抓住前方座椅，頭放在手臂上，並強調快要落地時，如果聽見她大喊：「現在行動！」我們必須立刻採取那種姿勢。

乘客被要求脫下銳利的首飾和眼鏡收好。就在這一刻——在摘下我鼻樑上洋娃娃比絲莉太太臉上那副眼鏡的雙光眼鏡時——我開始以非常小、非常微弱、非常私人和寂寞的聲音跟世界道別。

這種緩慢降落的感覺很怪，彷彿無重量似的。我好怕我們機會渺茫，只能默默地告訴自己屈服於命運吧。我什麼都做不了，只想到兩個女兒、丈夫約翰、家人、所有尚未完成的事。還有，家裡亂七八糟，或許我那群姊妹得在我的葬禮前先到我家幫忙收拾。另外，有信沒回，該說的話還沒說，未來的規劃全都泡湯，還有一些人我應該要見，但這輩

子沒機會見了。

頓時我心痛如刀割，但隨即告訴自己要冷靜，要放下。我用意志力強迫自己在人生最後一刻心懷感恩，不帶恐懼，清醒理智地重新思考我忽然碰上的遭遇。我決定讓自己平靜安詳地走完這一生，不驚惶恐懼。

> 她是心靈之友，她會一塊塊撿起我。當我破碎時，她會將碎掉的我拾起來，把它們按照正確順序放回我身上。你知道嗎，有個女性當你的心靈之友，這種感覺很棒。
> ——童妮・摩里森（Toni Morrison），美國小說家，以《寵兒》〔Beloved〕一書獲得諾貝爾文學獎

在降落的這段時間，我腦海不停冒出一個思緒，大聲高嚷著：我不要死的時候旁邊坐的是這個同事。我不想見到他跟我求助，要我安慰他，我也不想被他安慰。

這種想法讓我覺得很不好意思，但我還是去留意它，畢竟這是我的身體、心和直覺在跟我說話。

前方傳來高分貝的焦慮吼聲：「現在行動！」所有乘客鴉雀無聲地低頭俯抱。

我們撞擊地面，我們活下來了。

大家在機場高嚷著：我們活著！我們活下來了！我們回到地面上了。

在等著搭下一班飛機時——喔，真高興！——我們到機場咖啡廳重聚。這時，就是另一個機會，讓你有機會釐清、評估。正如詩人里爾克所說，這是該改變生命的時候。「嗯，」我問在三萬七千英尺高空嚇得發抖的同事，「這件事讓你的生命變得有何不同？對你有什麼啟示嗎？重新活下來後，你會有哪些改變？」

「我只知道，」他說：「如果因為這樣害我錯過在飯店泳池的優閒時間，我會很不爽。」

我眨了好幾次眼，難以置信。

我的直覺果然沒錯，我不想跟這個人一起死、一起工作、一起相處。

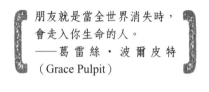

我們在液壓系統失靈、面對恐懼、巨變、困難、墜毀落地和混亂時，會顯露出本性。難道我們的真正自我只在（或者特別在）遇到人生試煉時才呈現出來？或許人生的其他教訓來自於我們在面臨巨大恐懼、艱鉅難關、是否願意犧牲等重大關頭時的反應。我這位同事在那次的生命試煉中敗北了，而最後這個不及格分數讓我很清楚知道：我不能再跟他共事。他只在乎他的池畔時間。兩人上臺演講後，我步下講臺，從此沒再跟他合作過。我知道接下來的航程我需要找不一樣的同伴。

三十七天：即知即行的挑戰

搭乘人生的班機時，要慎選同伴。旁邊那人必須是飛機往下墜時你想擁抱的人，這人不會自顧自地抓著扶手，不管你的死活，也不會偷拿你的花生米，或者擅取你的機上雜誌。要跟那些會在你害怕時安慰你的人坐在一起，有他們在身邊，你可以接受必須脫下首飾和眼鏡的命運，願意為他們放棄泳池畔的舒暢時光。

行動：

專注的自由書寫：

- 花五分鐘，列出可當你的「患難同伴」的人，也就是飛機液壓系統故障時，可以在你身邊的那些人。當你需要幫忙時，可以在凌晨三點打電話給他們，在你臨終時，他們會走向你。

- 讀讀你所寫的東西，留意哪些人在名單上，哪些人不在。
- 花五分鐘回答這個問題：你在誰的「患難同伴」名單上？你想在誰的名單上？

當你瀏覽你所寫的內容，問問自己這個問題：如果這些人真是你的患難同伴，你是否花了時間好好跟他們相處，增進感情，讓他們在你生命中占有優先順位？如果沒有，為什麼？你可以如何重新安排他們的優先順序，不止讓他們出現在你的患難同伴名單上，也在你的生活裡？

進擊：

　　接下來三十七天，每天早上看看這份名單，多花點時間跟名單上的人相處：面對面接觸、透過網路等虛擬方式或利用書信情感交流。或許你平常花時間相處的人根本沒資格在這份名單上，需不需要把他們放在彈射椅上丟掉呢？（當然要做得很優雅）

放開單槓

以其終不自大，故能成其大。
——老子

　　有時必須先學會放手才能搭飛機。
　　學會放手前要先學會信任。
　　而要能信任就必須先學會放手。
　　這些都需要有翅膀。
　　就是這樣。

正如哲學家齊克果所言：「不冒險，就無信任可言，冒的險愈大，就需要愈大的信任。」想安心搭飛機，就要先憑信心往下跳。

每年歲末，我都會問自己兩個問題：新的一年我想要有什麼收穫？以及或許更重要的是第二個問題：我想要放掉什麼？

今年，我必須放掉我一直緊抓的某個案子，這個案子報酬優渥，但會讓我無法全心專注在本業上。我必須放手。不能假裝放掉或者跟它藕斷絲連好讓自己好過一些。

放手，我才能飛向位於兩條單槓之間的空間。這空間就在你放掉單槓上的一根鐵條，但還沒抓到另一條之前。若要抓到下一條，你必須先放手。

就在我放手一躍，把自己拋向宇宙之後，有個朋友說我讓她想起馬戲團裡表演高空鞦韆的人。已放手，但還沒抓到下一根鐵棒前，稱為過渡區。或許真正的改變只會在這一區出現。正如慈善家達納恩·帕瑞（Danaan Parry）所言：「我注意到，在我們的文化中，過渡區會被視為『無所事事』、『無處可去』。我曾偷偷思忖，搞不好這段過渡區才是真實的，鐵條反而是虛幻的。我們妄想逃開的區域，反而是能讓我們真正改變和成長的地方。」

我迷戀過渡區的侷促一隅。我花了幾天思忖、探索，跟住在其中的人交談。飛機創造出一個詭異的方寸之地，所有的過渡區不也如此嗎？介於生和死、位於這裡和那裡之間的過渡地帶。

還記得吊單槓時的感覺嗎？手心發熱、手指與掌心碰觸的那片膚肉，還有因為緊握鐵條而全身發熱的感覺？小時候我很不會吊單槓。我害怕放手，我會拼命抓著單槓，直到全身力氣用盡，整個人直直懸吊在鐵條下，這時手裡的鐵條變得更熱。接下來，我沒力氣把自己往前或往後盪，只能鬆開鐵條，任憑自己往下掉，然後手掌的鐵味一整天

> 我看著海鷗，心想，「就是要這樣：找到節奏，以全然的信任遵循節奏。」
> ——尼可斯·卡山札基（Niko Kazantzakis），著名希臘作家

不散。作家瑪麗琳・弗格森（Marilyn Ferguson）曾寫道：「不是因為我們太害怕改變，或者太愛原來的老方法，而是因為介於新舊之間的過渡區讓我們害怕……就像在高空盪鞦韆的過渡區，正如卡通史努比裡的小男孩奈勒斯隨時抱著他的毯子，萬一毯子放進烘乾機沒有東西可抱，就會慌亂無措。」

沒有東西可抓住。

有時放手就是蛻落，就像成長階段的蛇會脫皮。幼蛇脫皮的次數高於老蛇，健康的蛇脫皮時很輕鬆，而且可以脫下一整片。蛇在脫皮之前，會蟄伏一段時間——牠們是在準備嗎？對，因為那時蛇皮底下新長的肌膚柔嫩脆弱，容易受到傷害。

人類亦然。

在沒有東西可抓的時候，就是我們最活於當下、最有活力、但也最脆弱，最有人性的時候。

> 跳下去，到時你自然會發現墜落時該如何展翅飛翔。
> ——雷・布萊伯利（Ray Bradbury），美國作家

三十七天：即知即行的挑戰

資深的高空鞦韆特技員給我們如下建議：先把你的心拋向鐵條，你的身體自然會跟著過去。學會這項特技之前要先學摔落。微笑，挺直腳趾，等著適當時機。著名作家暨哲學家山姆・金恩（Sam Keen）告訴我們：「等待最適當的一刻——希臘哲學家把這一刻稱為kairos（完美時刻）或豐產時刻——正是最困難的部分……焦慮會讓我們急於過早行動，或讓我們遲遲不前而太晚出手。有時，我們真的很難相信十九世紀英國小說家喬治・艾略特說的這段話：『信念、希望和愛，皆繫於等待。』」放開單槓，當個懂得辨識恐懼的行家。享受過渡區，盡情翱翔吧。

行動：

下面這項挑戰源自於即興劇場。到戶外，慢慢往前走，張開手，讓自天而降的某些東西掉在你的手掌上。那可能是一個點子或一個東西。給它取個名稱，把它放到一旁，繼續往前走，再張開手，讓東西從天空落到掌心。給它取個名稱，把它放到一旁。重複十次，直到你感受到你能敞開心胸，迎接從天而降的任何東西。抓住它，像抓住高空鞦韆的鐵條。給它取個名字。

進擊：

- 在記事本裡列出你害怕的事物。高空彈跳？烤舒芙蕾？打電話給冷戰許久的朋友？把你的詩作寄給出版社請他們考慮出版？查看銀行帳戶裡的餘額？拜訪不久於人世的朋友？在公開場合跳舞？穿泳衣？

- 列出二十項後才能停筆，這些事物可大可小。

- 接下來三十七天，每天早上看看這份清單，每天做其中一項，或者兩項三項也行，這樣一來離目標就不遠。

寫點藍調吧

我只是把憂愁發怒的時間拿來寫藍調罷了。
——艾靈頓公爵（Duke Ellington），四〇年代美國爵士樂大師

生命中的每件事都建立在膽識上。
——馬丁・布伯（Martin Buber），奧地利裔哲學家

六個月前我以《第九號西裝，安息》一文參加小說競賽，這則美國南方風格的怪異故事描述的是一個名叫奈爾的

龜毛男子將所有的西裝和配件，包括領帶、襯衫、鞋子及襪子編上號碼，在衣櫥門裡面親筆畫上矩陣，在上頭記錄每天穿戴的衣物，這樣一來就不會連續兩個週日穿同一套衣服上教堂。其實，大家根本看不見在唱詩班那種鑲有酒紅色 V 字飾帶的米色緞袍底下，他穿著什麼樣的服裝，就算看得見，也沒人會去記住他穿哪件襯衫配哪條領帶吧？

奈爾是真有其人，他安息的時候也真的穿著第九號西裝。這是牧師在葬禮時說的。當講壇上的牧師娓娓道出他的傳奇軼事時，我人就在現場。我聽了之後壓低嘶啞的嗓音告訴我媽，這可以當成寫作題材。我在放詩歌本的架子裡找尋紙張（當你需要紙時，那位分發捐款信封的女宣教士慕拉蒂〔Lottie Moon〕跑到哪兒去？），振筆疾書記下這個動人奇聞的每個細節。講述這故事的牧師渾然不知它有多豐富，這種對比更增添了故事本身的價值。簡直是美國著名女小說家法蘭娜瑞・歐康諾（Flannery O'Connor）筆下某篇描述葬禮悼詞的精彩小說嘛。

就像詹姆斯・佛雷（James Frey）的回憶錄《百萬碎片》（*A Million Little Pieces*）被人發現造假而變成「百萬謊言」這事件所教導我們的，沒有所謂客觀第一人稱這種東西，所以我故事裡的牧師其實有部分是由我媽扮演的，而她說起任何故事都能睜大雙眼、面露驚奇的傾向，也算具加分效果啦。

> 沒有哪種壓力大過身懷無窮潛力。
> ——奈勒斯（Linus），卡通史努比（Peanuts）裡的小男孩。

工程師奈爾是獨居者，個性一絲不苟，他會把冰箱裡的剩菜一樣一樣記錄下來，並分類、丈量每株番茄樹之間的距離以確保尺寸一致，還會給西裝編號。他坐在燈心絨布的躺椅猝死後，有人在他的衣櫥裡發現衣物的編號清單，大約一百一十種衣物搭配方式，每一欄後方都工整地標注哪個週日穿哪一個編號的衣物。

「太扯了，真沒想到竟有人會把剩下的燉南瓜編號分類。」我媽說，不停搖頭。

「牧師說，奈爾穿著九號西裝安息。」她說。

唉，九條命、九條交響曲、九個星球，和諧中的和諧啊。我慌亂地找話來回應，說出口後很驚訝發現我的話根本是直接引用本名為悉達多喬達摩（Siddarta Gautama）的佛陀。這都要拜有聲書之賜。「嗯，媽，男男女女活在這個世界上，每個人都要牢牢抓住殘破的身外之物，到底怎樣才是適當的舉止？在人間洪流中，我們彼此擦身而過時應該怎樣招呼才最恰當？」她調整她的助聽器，雙眼頓時睜得斗大，「愛絲塔琳說我應該戴假髮，因為我服用了腎上腺皮質類固醇後頭髮變得稀少。妳覺得呢？」

釋放潛能的關鍵在於努力不懈，而非力氣或智慧。
——邱吉爾（Winston Churchill），英國前首相

總之，這個小說徵文比賽不是多麼了不起的出版盛事或文藝夢想，只不過是當地寫作協會贊助的一個活動罷了。誘因？我幻想搞不好評審是另一個現代文學大師馮內果（Kurt Vonnegut）呢！光想到就令人興奮！

我很確定這是我個人的一大突破，我得抓住這個機會，讓自己受到矚目，進軍好萊塢，到時候他們會問我，可否借重我的才華來替北歐黑白藝術片撰寫劇本，這齣劇裡會瀰漫著濃魅不祥的氛圍，街燈下某人佇立，吹出一縷縷菸圈。或者，我該直接進演藝圈，表現出我適合當明星的天分，就像凱瑟琳‧赫本或者還沒整型之前的梅格‧萊恩。

所以，我等待，等了又等。想到丈夫約翰也投稿參加比賽，我就發噱。真可憐，我心想，他還忘了附上回郵信封呢。真不知道若他的作品被丟到「不夠好」那一疊，我該如何面對即將展開的燦爛星途。

就這樣我又等了一段時間。或許馮內果先生正在慢慢咀嚼我的文

字，想像這篇令人愛不釋手、一頁翻過一頁的精彩故事出自他的筆，想像凱文・史貝西飾演奈爾一角，茱莉安・摩爾飾演我。裡頭當然也會有角色給休・路易和強尼・戴普，還有演技超讚的茱蒂・佛斯特。

來了，回函寄來了！我日夜痴等的就是這一刻。可憐的約翰，連封回覆都沒有。現在你應該可以想見那畫面：我告訴他，當他們說要附上回郵信封時，是非常認真地提出這要求。

我雙手發抖，撕開信封，感覺喉底湧出一股淡淡的怪鐵味，那是興奮或者恐懼得快要吐之前會有的感覺。

「**棒透了！**」就在信紙上，馮內果親筆寫下這幾個字！「**棒透了！**」好大的字呀。

哇！我心想，這下子有得忙了。《時尚好管家》雜誌（*Good Housekeeping*）、《基督教科學箴言報》（*Christian Science Monitor*）、《女性天地》（*Woman's World*）、北卡羅來納州第一大報《艾旭維爾市民時報》（*Asheville Citizen-Times*）、網路產業裡的老字號雜誌《快速企業》（*Fast Company*）都會爭相來訪問我。還有 AAA 旅遊雜誌、美國奶油製造協會的季刊，以及曾退我稿的各大航空公司的機上雜誌。他們退我的稿子，可是人家馮內果先生覺得**棒透了！棒透了！棒透了！**這下子他們知道我的厲害了吧！

我開始在腦中設計去參加奧斯卡頒獎晚會要穿的禮服——低調有型、類似鋼梁的灰色，就像珊卓・布拉克會穿的那種。我絕對要去找經常出現在《時人》雜誌（*People*）裡那個叫安娜塔西亞的女人修眉毛。這麼多年來我不斷練習如同孩童鬼畫符的簽名，這下子終於派得上用場了。

然後，我多看一眼，想知道馮內果先生還寫了些什麼？他想何時跟我碰面，談談我的光明影劇生涯？

結果，重重一擊。

在「**棒透了**」這幾個令人興奮的潦草字體底下，出現的並不是我的文章。而是約翰所寫的故事，《威爾汀和汪汀》。

> 我的資質天生優越，這實在是太沉重了。
> ——奈勒斯（Linus），《史努比》漫畫人物

我伸手去拿被我撕破的信封，想搞清楚怎麼會發生這麼離譜的錯誤。約翰明明沒有附上回郵信封啊，我氣急敗壞地想，他**根本不遵守遊戲規則**。但信封上清清楚楚寫著約翰的名字和地址。我一見到該寫作協會寄來的信，就迫不及待撕開信封，壓根兒沒去注意收件人不是我。

我整個下午努力克制，才沒把那張寫有「**棒透了**」的紙張塞進嘴裡，嚼一嚼，吞進肚子，不給約翰看。

我的悲哀小信封隔天才出現。那個信封上的地址是我自己寫上、郵票是我自己貼上。乖乖遵守規則所準備的美麗信封。

> 清醒地想一想：倘若，在這一刻，我完全發揮了潛力，那會如何。
> ——珍・華格納（Jane Wagner），美國女作家

寄給我的回覆裡沒有寫上「棒透了」，事實上完全沒有馮內果親筆寫上的隻字片語。我那則故事——可憐奈爾和他那些分類編號的西裝、成排如衛兵直立的番茄——或許壓根兒沒呈上他的書桌。信封裡裝的是一封影印的制式通知，字體醜陋，匿名的拒絕法彷彿強烈建議我先去上完寫作課程再來參加比賽。

喂，拜託，我心想，等我上完那些課，馮內果先生應該上百歲了吧，那時他早已老眼昏花。

替約翰說句公道話，這位「棒透了」先生很努力克制自己，不敢在我面前得意忘形。

後來，在席捲而來的自憐情緒中，我隨手打開一本書，讀到的第一行正是引自爵士樂大師艾靈頓公爵的話：「我只是把憂愁發怒的時間拿來寫藍調罷了。」

> 要達到精彩，簡單是關鍵。
> ——李小龍

170

我情不自禁哈哈笑，然後整理桌面，開始寫我的藍調。

三十七天：即知即行的挑戰

別把對方的錄取函給吞掉。別去擔心那該死的回郵信封。如果馮內果想要找你，他自然會找到你。別太在意結果。你之所以寫，或者畫、唱、愛、烘焙，是因為你非這麼做不可，不是因為你想贏別人。停止嘰嘴抱怨，清理桌面，給自己寫點藍調音樂。讓萬事萬物都能成就藝術，即使你被拒絕也一樣。

行動：

• 拿出一張空白紙，或打開你的記事本。

• 接下來你必須在兩分鐘內設計出全世界最棒的桌燈。開始。

• 兩分鐘後回想一下整個過程。很難嗎？想要「全世界最棒」這種念頭讓你倍感壓力嗎？

• 重新開始，這次變化一下。兩分鐘內你要設計出全世界最爛的桌燈。怪里怪氣！沒有插頭！沒有燈泡！形狀就像非洲食蟻獸！

這種反設計可以解放我們的創意，讓它不受壓制。你可以在每天的生活中以某種方式來使用這種技巧——利用反設計來幫助孩子搞懂該怎麼做某些事情（「我們可以怎樣搞砸這份作業？」）或者決定你的健康狀態（「如何讓自己的健康或體重盡可能持續惡化下去？」）。有時在列出這種奇怪的「不做」清單時，我們反而能挖掘出那些我們做來破壞自己努力成果的事情……

進擊：

如果你的目標是接下來三十七天，每天利用被拒絕的經驗來創造出美麗的藝術品呢？你要接受的挑戰就是以別人對你的**否定**為靈感去創作。

- 你可以使用的任何工具——蠟筆、奇異筆、油漆、雜誌上的圖片。

- 你可以使用各種色彩、形狀和設計，但整件作品的唯一中心思想就是否定。

- 有時先創作出「骨架」會很有用。「骨架」就是可以表現創意的架構。這聽起來很矛盾，但架構真的不會限制我們，反而會解放我們。要創作出一種靈感源於被否定的作品架構，方式之一就是在紙上畫正方形（比如三吋見方），每個正方形都一樣大，連續三十七天每天都畫。每天使用其中的一個正方形來創作你的否定藝術創作。

幫他們跨出第一步

要得知敵人最怕的東西，就是去觀察他用什麼來恫嚇你。
——艾瑞克‧賀佛爾（Eric Hoffer），美國群眾運動研究者

在每個母親生命中，都會有那麼一刻引發我們的深層幽暗恐懼，這一刻令人打從靈魂深處害怕，可怕到我們不敢去思索它是否真的發生。那深層幽暗的隱蔽處就像正在腐爛的堆肥——我們的生命只要在旁邊搖晃一下，就會誘發出綿延幽深的強烈恐懼。

我的這一刻就是當我們的小寶寶宣布不再需要睡午覺時，當下令母親陷入哀愁的那一刻。

我的這一刻就在泰絲滿兩歲半之後的第三個月來臨。那天，她拒絕邁入下午鬆弛時光之前的短暫休憩。想也知道，我的第一個反應是表現出改變過程的第一

階段——否認——拒絕相信這一天真的到來。我不顧她的抗議，逕自將她趕入房間，心裡叨唸著，現在該是老娘我擁有個人時間，可以安靜片刻，短暫潛入成人思緒的時候欸。

泰絲尖叫、掙踢，在她的小床上發飆，嘴巴咧成憤怒狀，淚眼婆娑，小手拼命地拉住我的衣服。她不停哭叫，我心想這小孩真糟糕，竟然氣到把老娘我抓破皮，顯然故意傷害我。我們母女扭打成一團，一百七十公分對抗一百公分。

最後，我轉身，下定決心帶著我的沮喪和安靜獨處的需求，掉頭走人，這時，我聽見她聲音裡的真正訊息。

我不怕暴風雨，因為我在學習如何駕駛我的船。
——路易莎·梅·愛爾考特（Louisa May Alcott），十九世紀美國著名小說家，著有《小婦人》

她要表達的不是憤怒，而是恐懼。我站在門口，背向她，終於聽出她正在哭叫的訊息：「幫我跨出第一步。」她以學步兒那種迷人的可憐啜泣聲說：「幫我跨出第一步。」

泰絲只是需要有人幫她跨出第一步——那可能是一個故事、一首歌、一段平靜的話語。她的哭叫不是憤怒，是恐懼。不是自私，是害怕。不是要對我使壞，而是要跟我有所聯繫——她只是需要我幫她跨出第一步。

就這樣，她終於願意睡了，我在旁陪著她。我們幫助彼此跨出第一步。

事後我反省，憤怒情緒的背後是不是經常代表著恐懼。

我們多常表達憤怒——尖叫、指甲揮舞，指控別人、尖酸刻薄，被動的攻擊——但其實我們心裡真正感覺到的是這樣的情緒：拜託別把我丟在這裡，別讓我孤伶伶地在這個黑暗房間思索我的未來。這裡太沉悶、太安靜，這張床太窄，房間太暗，一想到要單獨面對這些我就嚇得不知所措。

> 憤怒只是難過情緒的懦弱延伸，對別人憤怒遠比告訴他們你心裡受傷簡單得多。
> ——艾拉妮絲·莫莉塞特（Alanis Morissette），美加創作女歌手

三十七天：即知即行的挑戰

就幫他們跨出第一步吧，你周圍那些傷心或對你生氣的人。他們只是恐懼，需要有人幫他們穩定下來，讓他們可以擁抱黑暗，可以在百葉窗拉下時獨處在那闃寂的空間中。此外，要學會掌控你自己的憤怒，正如科學家居禮夫人（Marie Curie）所言：「生命中沒有什麼好怕的，只有需被了解的。」憤怒之所在，恐懼之所在。為何恐懼呢？

行動：

我們每個人都有一個恐懼文物館，裡頭的東西會限制我們，讓我們無法盡情地揮灑人生。

- 花三分鐘，列出你害怕的事物——比如我是這麼寫：「我怕高，怕在眾人面前摔跤、怕死、怕成功、怕無法充實地活著、怕蛇、怕狹促空間、怕得癌症、怕在兩萬英尺高空被吸出飛機外……」

- 讀讀你所寫的東西，有些恐懼讓我們能趨吉避凶，有些讓我們變得畏縮。哪些恐懼讓你無法去做真正想做的事？把那些圈起來。

- 恐懼是一種學習後的行為，所以，花三分鐘寫下你是從哪裡學到那些圈起來的恐懼，如何學到。

- 挑選其中一個恐懼，花四分鐘寫一篇簡短的兒童故事，描述如何忘掉那種恐懼：你要怎麼教孩子別害怕那個事物？

進擊：

愤怒可以產生動力，但這種力量可能深具破壞力。接下來三十七天，深入探索你的愤怒（或許透過記事本），找出這愤怒代表哪種恐懼？當你感覺愤怒時——會議拖了好久才開始、保姆臨時請假、另一半把髒碗盤丟在水槽裡——覺察這些怒氣，要求自己去挖掘出背後的恐懼（我怕別人不把我當一回事、我怕我不知道該如何堅持立場，我怕別人會覺得他們可以隨便敷衍我，我怕我無法讓別人清楚知道我的需求，我怕我說出需求後別人會覺得我很自私。）根據反覆出現的愤怒模式，你可以找出怒氣底下的恐懼。在這個過程中，你或許可以學習到如何辨識出他人愤怒情緒底下的恐懼。

開啟打包的箱子

離開不是唯一可走的路。
——羅傑・米勒（Roger Miller），五〇年代的美國鄉村歌手

「我們既然受邀，我還是要去。」他只說了這句話，整個人站起來，壓壓鼻梁上那副圓形的金框小眼鏡，直盯著我，不發一語，將圍巾繞在脖子上。脫下婚戒，放在沙發後方的窗臺，目光仍停留在我身上。接著拿外套，轉身，半句不吭地走了出去。

當我告訴他，我要結束這段關係，他沒流露太多情緒。我以為他會設法挽留我，但他沒有。我以為他會很震驚，但他沒表情，反而按照原計畫去參加聖誕派對。

我蜷縮蹲下，伸手摸找後方的沙發來倚靠，靜靜地坐著，任憑貓咪在我的雙腿間繞來繞去，像是迷宮。

最後，我慢慢走上樓，站在臥房門口，我躊躇，然後進房，拿著枕頭和鬧鐘，走到客房。整間屋子看起來就像隨便湊和的——沒有地毯或窗簾，搬進來一年後滿滿的箱子仍原封不動，其中幾只箱子因經常用來搬家而磨損得泛白。為什麼我們這麼遲疑，不敢做出承諾，放膽在屋裡擺上書櫃和架子？

十點左右，我躺在地上的小床墊，長有雀斑的蒼白雙手攤在身體兩側，掌心朝上。我躺在那裡，想像我自己成了拉菲爾前派風格的畫：在河流中漂浮的紅髮女人，或許死了，肯定全身冰冷，因著絕望和欷吁的情緒而動彈不得，疲憊虛脫到無法感受恐懼。我瞇眼望著天花板，試圖想起我曾知道的一首詩，是羅斯金（Ruskin）或羅賽帝（Rossetti）？

> 我如一抹偶然陰影，躺著
> 在潺潺流水中，載浮載沉
> 驚鴻一瞥水中倒影

就連我的恐懼都不足以強烈到
讓我聚精會神

　　我一動也不動地躺著，卻覺得身在流動的水域中，被湍流帶往新地方，但那是哪裡呢？整整兩小時，我的心彷彿脫離胸壁，任意飄浮，在胸臆間翻攪，直到我聽見他的偉士牌機車撞上露臺階梯的聲音，心才停止攪動。

　　我的脈搏忽然像加快的節拍器喀答作響，聽見他的鑰匙插進門鎖發出的金屬撞擊聲。我還沒準備好面對當下忽覺的恐懼。我應該離開這裡的，他這個人什麼事都做得出來。

　　我在想什麼啊，竟然待在這裡？

　　七年前，我賣掉父親去世前買給我的那輛藍色小雪維特（Chevette）。「住在城市，我們真的不需要車啦。」我在電話上跟媽解釋。「哪裡都不能亂停。況且我們離地鐵站很近。都市裡還會有人撬開車子偷東西。總之，我們住在城市，實在沒必要擁有一輛車。」

> 雁鵝怎會知道何時該飛向太陽？是誰告訴牠們季節到了？我們人類怎麼知道何時該移動？就跟候鳥一樣，我們當然知道。只要我們願意聆聽，內心的那個聲音自然會告訴我們何時該邁向未知旅程。
> ——依莉莎白·庫伯羅斯-羅斯（Elisabeth Kubler-Ross），心理學家，以研究臨終心理而著稱

　　這並非真正的理由。我之所以賣掉，是因為我不想再接到警局打電話說他又酒醉駕車，要我保他出去。我之所以賣掉，是因為我知道再這樣下去，終有一天我會在某個晚上接到更可怕的電話——不是他又酒駕被關在拘留所，而是某個小女孩跟父親走過威斯康辛大道買薄荷冰淇淋時被撞死。我必須送走那輛雪維特。

　　我聽見樓梯傳來踉蹌腳步聲。

　　我感覺到客房門被打開，趕緊假裝睡著。他靜靜地看著我很久。我聽見他狠狠說出三個字：「去死吧。」我繼續躺在原地等著他開槍射殺

我、勒死我之類的。我的眼睛在緊閉的眼皮下睜得斗大，刺眼燈光忽明忽滅擊中我靜脈歷歷的皮膚，宛若在豔陽天開車經過樹林——暗、亮、暗、亮、暗、亮。我真希望我的眼球顫動是因為睡著，而非驚恐。

我知道他已離開房間，因為我聽見寂靜屋子裡迴盪著他撒了一大泡尿的聲音。他沒沖水，踉蹌走向我們共有但現在缺了一個枕頭的房間。

隔壁房間傳來的槍聲劃破新局面的闃寂。爆裂轟聲，接著是重物撞地的聲音，接著恢復闃寂。我的胸口劇烈擴撐，我掙扎著呼吸，臉漲紅，嘴巴溢滿胃酸。

我當下知道：他用這種方式來挽回我。當他扣下扳機的一剎那，或許還露出微笑。可惡的酒鬼。我花了這麼久的時間來拯救他，我真的累了。

感覺上我們已經相遇很久。當時我快念完研究所，他是我遇過的人當中唯一讀過《承認》（*The Recognitions*）小說的人，

> 我們把明天浪費在懊悔昨天。
> ——佩修斯（Persius），古羅馬詩人

這本書雖然沒沒無聞卻名列《**時代**》雜誌百大英文小說。剛好，這本書是我的論文研究主題。

交往第三年，我們乘著「SS宇宙號」出海繞行世界一周，長達四個月的時間就睡在侷促鐵房的上下床鋪，兩人在狹窄空間裡緊密得就像婚戒、救生衣或控制精神病患的拘束衣。我們像在欲望之河上漂浮，或者，其實那條河流上布滿的是殘骸？

我們是水面下狹窄船艙中的兩座孤島，不過那時我並不知道。颶風來襲，摧殘上層甲板，他冒險爬上去錄下強風巨浪的聲音，竟能成功返回。我們幾乎死在那艘船上，可是他又非得錄到聲音，並把這聲音收藏在盒子裡。

那晚在我們家，我動彈不得。我想舉起一隻手，但我的心炸得動不了。我彎曲一膝時，很確定其他三肢全癱軟。

就在那一刻，我才清楚看見自己有病態逃避的傾向，雖然這種毛病始自小學二年級那天，高印老師高高聳立，俯身看著我，問我是否尿在

椅子上。滿臉雀斑，頂著一頭橘紅髮色的我坐在一灘否認不了的尿水中。那片黃澄澄的溫熱綠洲面積大到足以淌下地面，形成潺潺小河，慢慢流向布雷克‧瑞維斯的椅子邊。他見到尿液來襲，

> 我喜歡活著，雖然在某方面很混亂、很絕望、事實上很悲慘，被憂愁折磨，但在這些苦痛中，我仍清楚知道光是活著就很了不起。
> ──阿嘉莎‧克莉絲蒂（Agatha Christie），英國著名偵探小說家

驚恐地號咷大哭。「我不知道妳在說什麼，高印老師，」我說。但現在，不可能逃避了。我翻下床墊，雙膝著地，前臂撐在地板，掌心攤平，手指緊張到發白，以這種姿勢呆楞半晌。

他的身體從床上滾落地面，雙腿朝向門，頭在另一邊。除非走進去，否則無法知道他傷到什麼程度。我佇立不動，壓抑欲嘔的衝動。

跨入一步，又一步，一腳舉到躺在靠牆地面的那本相簿旁，一頁頁相片歪扭成怪異角度，彷彿有幾頁被人扯鬆，除此之外──除了他的身體和我的枕頭──屋內一切原封不動。

從我所立之處見不到他的頭，於是我更深入房內，靠近床腳邊，這時五味雜陳的情緒壓得我喘不過氣。我嗅到死亡的氣味，聞起來好甜美。

真怪，他看起來竟完完整整。

我感覺到自己懊悔地撲向他。

他的眼鏡仍在鼻梁上，但歪曲到一旁，彷彿正在沉思哲學家布伯和齊克果的理論，順手將鏡片移往旁邊好揉搓某一眼。

他的氣味不是死亡，而是百威啤酒。

沒有血、沒有槍。我焦急地環顧臥房，想弄明白是怎麼一回事，最後雙眼落在歪扭躺在地面的相簿，裡面是我們環遊世界的紀錄。原來他把它往牆上用力砸，掉落地面。我剛剛聽見的聲音就是相簿，不是槍聲。

他搬出去，數月後我搬開有他影子縈繞的地方。最後離開前，我想把屋子後方那間工具房裡的大型雜物整理乾淨。我心想，這間我從未踏入的小屋應該堆滿除草工具和機油罐吧。

我踩過布滿露水、雜草高長的草地，打開工具房，等雙眼適應裡頭

陰暗光線後頓時呆住：地面上散落著壓扁的啤酒罐子，數量多到深達我的膝蓋，整間屋子看不見半吋地面，布滿了的是他獨自在這間沒燈光、沒暖氣的簡陋小屋借酒澆愁後留下的數千個壓扁鋁罐。我跋涉而過，彷彿走在鐵鋁海灘尋找貝殼，期待眼前能出現海星。

三十七天：即知即行的挑戰

　　離開不是唯一可走的路。一疊疊的箱子是象徵性的構造——一個個都有故事可訴說。正如加拿大作家瑪格莉特・愛特伍德（Margaret Atwood）所言：「沒人知道是什麼因素使得外在景致變成內在地貌。」打開你的箱子，駐留一會兒。要嘛決心奮游，要嘛放手走人。

行動：
專注的自由書寫：

- 花五分鐘，列出離開人世前想做的所有事情——或許你從小就想做這些事，但多年之後仍堆在旁邊。這可能是你的「死前願望清單」，就像電影《一路玩到掛》兩個主角死前想完成的心願。

- 在每個心願旁寫下你之所以不能做或者沒去做的理由。每個心願花兩分鐘去寫。

- 然後花三分鐘重新把**不能做**和**沒去做**的描述改成**可以做**和**將會做**。每個心願都要改。

現在開始去完成這些心願，或許要幾年的時間才能完成，不過別擔心，我們可以等。

盛裝打扮，等待喜從天降

如果你真想要什麼東西，就努力追求。但現在安靜，他們要宣布樂透號碼了。

——荷馬·辛普森，卡通《辛普森家庭》裡的人物

　　就是今天！今天是個大日子！它就發生在今天！今天，就是今天！今天是家居頻道 HGTV 的獎金大隊（Prize Patrol）到府宣布我贏得夢想新家的大日子！我每天上網參加他們舉辦的比賽，整整一個月，而且天天研究自家的樓層平面圖，以及客房、健身房、工藝房、遊戲間以及洗衣房的照片，看看哪裡大到可以辦晚宴派對。其實我最喜歡的房間根本不是房間，而是「戶外起居間」，也就是占地一百四十坪，即將屬於我的新家兩翼之間那條有屋頂遮雨避陽的甬道。

　　我會盛裝打扮，準備就緒。從晚上七點開始就光鮮亮麗。

　　露臺早被清掃乾淨，一向不礙眼的雜亂樹叢也被移植到陰暗角落，眼不見為淨地自求生存（應該說自生自滅）。貓咪戴上頸圈，泰絲洗過臉，而且褲子跟衣服很搭配。艾瑪決定畫上哥德龐克公主風的迷人妝，我則穿著浪沫色的服裝。我想，這種打扮在電視上應該很上相（除非燈

光一打，可能顯得過於蒼白）。我會穿上那雙新的麻質厚底鞋，畫上睫毛膏。「棒透了先生」很快會到家，我相信他會穿著漿挺的白襯衫，搭配黑色牛仔褲和我超愛的馬汀大夫休閒鞋。若沒意外，我所畫上的濃濃睫毛膏會透露出訊息：今天是個大日子。

我一整天打掃屋子，收妥一萬片的樂高積木，用吸塵器清理地毯上的餅乾碎屑和狗毛，還開始打包雜物。今晚美國東岸時間晚上八點，好戲開演之前，我應該一切準備就緒。該烤餅乾請攝影採訪人員吃嗎？該榨點檸檬汁吧？在電視上真的會比本人胖十磅嗎？我的妝看起來夠自然吧？他們來到時我們的愛狗小藍會不會湊往他們身上，亂聞不該聞的地方？我們家的門牌地址從馬路上看得清楚吧？他們找得到我們嗎？

生命裡總有值得盛裝打扮的特殊時候，不是嗎？學校的正式舞會，復活節、婚禮、家庭聚會、猶太男孩十三歲的受戒禮、在購物商場第一次穿耳洞，以及中學時悸悸的約會。約會前妳不知道該穿些什麼，只知道妳必須看起來很美，但又不能讓對方覺得妳很用力打扮。

對媽來說，超級盃星期天（Super Bowl Sunday）就是這種大日子之一。我們可以從精心張羅的氣氛知道當天是超級盃星期天：她一定會盛裝打扮，臉上化妝、上美容院燙頭髮。爸和我都是超級足球迷（我最愛的是巴爾的摩公馬隊的十九號球員強尼·尤尼塔斯），但媽又不是，既然這樣她忙個什麼勁啊？

我最近寫 e-mail 給媽，追問她幹嘛為這一天精心打扮，並問我是否可以寫出這件事，結果她這麼回覆我：

沒關係，我不介意妳寫出來 —— 事實上這個日子一年不止一次 —— 下一次是二月二十八日。我想，跟我一樣等著贏得獎金的人很多呢！我真好奇妳要怎麼把這種事說得可以鼓舞人心……！

在這個逐漸縮小的地球村，沒人可以假裝是陌生人。
——愛德萊·史蒂文生（Adlai E. Stevenson），美國政治人物，
曾競選美國第三十四屆總統，但敗給艾森豪

原來我媽盛裝打扮不是為了明星四分後衛喬‧拿馬斯（Joe Namath），而是為了艾德‧麥克馬宏（Ed McMahon），因為他是「出版情報交換社」（Publishers Clearing House）所舉辦抽獎活動的獎金大隊主持人。到現在她仍然會為了他在某一天打扮得美美。我追問她細節，她這麼寫道：

> 我參加出版情報交換社所舉辦的抽獎活動已經三十五年，一次都沒中過，但不知何故，我總覺得就是這次——說是希望、堅定信仰，或者無知吧，我不知道，反正，我真的想贏，不止是為了我自己，也為了我的教會和孫子女的教育經費。我知道現在有很多人中樂透，但我不會去買彩券，因為在我心中，這是賭博的行為。出版情報交換社的格言是「讓夢想成真」，所以我就花三十七分的郵資，來「讓我的夢想成真」。愛妳唷，老媽。P.S. 記住啊，好心一點，別取笑我像笨蛋（就算妳心裡真的這麼認為！）我在醫院讀了妳寫的牛排門的故事，現在想到還會哈哈大笑呢。

永遠別怕，媽，我怎麼可能把三十五年來為了等待艾德‧麥克馬宏造訪而盛裝打扮的妳描繪成笨蛋，尤其我還步入妳的後

> 給予的行為比禮物本身更有價值。
> ——皮耶‧柯奈爾（Pierre Corneille），十七世紀法國詩人

塵，盛裝打扮，站在前門，等著HGTV電視臺的獎金大隊前來？我會緊盯著實況轉播，等著認出住家附近的維瓦歐洲咖啡館，因為一見到它，就很確定獎金大隊正邁往我家。他們一轉入坎柏蘭街，我會趕緊補上口紅，當攝影人員出現在我家門前小徑的石柱，我肯定會興奮得暈過去。我會看見電視播放著我的生活，就像最近那架載滿乘客的飛機緊急從三萬七千英尺迫降到兩萬英尺，再降到一萬英尺，最後著地時，全機乘客在機內電視看著自己一樣。

我曾一、兩次幻想自己中了兩千萬美元，想著該怎麼花這筆錢，要

送誰禮物，給他們來個大驚喜，要如何買下那輛我夢寐以求，淺藍色的福斯敞篷金龜車。若真中了這筆頭彩，艾瑪的大學學費就有著落，還能讓她去做熱石按摩、學漫畫。至於上週在華府機場見到的那條大衛・提胥比（David Tishbi）設計的名牌領帶也能買得起。我還能搭機四處找朋友，包括東京的木朝，以色列特拉維夫市的伊立艾夫和亞隆，南非斯特連博斯市（Stellenbosch）的東尼，德國杜塞道夫市（Dsseldorf）的修爾德，以及紐西蘭馬丁堡（Martinborough）的里察（看來我得設法在巴黎交個朋友。）

我也會讓艾瑪和泰絲有機會深刻體驗美國海外的生活。

當然，媽和我弟會在我的現金饋贈名單上，此外還包括讓世界變得更美的藝術家和作家、致力於維護各種人權的鬥士，以及那些幫助貧困孩子的人，等等。

> 每一片草葉都有它的天使俯身低喃：「長高，長高唷。」
> ——猶太法典《塔木德》（The Talmud）

我們都應該自由自在地去做我們來到這世界上該做的事，不是嗎？

但隨後我開始納悶，金錢會不會改變很多事，使很多事變得平凡，妨礙許多可能性。當然，答案是肯定，但我承諾自己不能因為有錢就濫買鞋子到穿不完，或者亂買塑膠製的草地裝飾品或有白色廊柱的豪宅。我依然會廢物利用，在二手商店購物，繼續開著那輛一九九〇年出廠的第二代福特 Bronco。

所以，別忘了今晚美東時間八點轉到 HGTV 頻道。我會是那個一頭灰銀髮，穿著浪沫色上衣，塗著 Kiehl 的黑莓滋潤唇蜜，一臉興奮的女人。

什麼？最後決賽名單只有三人？我不是其中之一？

那，睫毛膏不就白塗了嗎？

> 什麼樣的人做什麼樣的事。
> ——保羅・維塔雷（Paul Vitale）

　　大膽做夢。但要記住，不快樂的人中樂透，只是以更受矚目的方式更不快樂。所以，你可以參加競賽，但別因此賭上你目前的生活。繼續以同樣的方式活著。讓你的家因著所住的人而成為夢想中的家，即使樓上臥房的壁紙已經脫落。讓我們過著毋需電視批准認可的生活，好嗎？

行動：

專注的自由書寫：

- 花五分鐘，列出那些值得你中樂透時饋贈禮物的人。他們是哪些人，為什麼值得你送他們禮物？你會送什麼給他們？

- 讀讀你所寫的東西。

- 接下來五分鐘，想像還沒中樂透的你仍想對他們表示支持。現在你可以透過什麼有用的方式來支持他們？比如給他們你的時間而非金錢，或者來點舉手之勞，例如某個早上送點馬芬蛋糕到他們家當早餐，好讓他們有餘暇做點其他事。列出你可以做的事項。

然後開始行動，以你現在能做到的方式來支持他們。你饋贈的禮物會更加真實、更有意義、更為真誠。

進擊：

　　我最近在住家附近的書店舉辦朗讀會。那天早上，我的朋友凱薩琳・歐斯塔打電話說她也會去。「在妳準備朗讀之前，我可以做些什麼來表示我對妳的最大支持？」她問。我很驚訝，說不出話。我知道這問題很棒，顯示出她的慷慨心腸，不過這問題實在太突然。她看出我的詫異，於是連答案都替我準備：「我會早點到那裡——要不要幫妳帶水？朗讀會開始前我們要先聊聊嗎？或者我來找個安靜的地方，好讓妳可以準備準備？」接下來三十七天，每天找機會打電話給別人，問他們：「我可以做些什麼來表示我對你的最大支持？」準備好一些簡單的建議，免得他們跟我一樣被你的問題嚇到說不出話。

曾獲葛萊美最佳爵士演奏獎的桑尼‧羅林斯（Sonny Rollins）步上橋梁
迎風吹奏薩克斯風
他正步下舞臺
走入柴房。
這當然不是無膽表現，
也非為了琢磨技巧
他是要打破聲音
加以重塑。
褪去謬斯的華服。

現在我想要的就是這樣：
少點舞臺，多點橋梁
（微風不歇，徐徐吹拂）
還有空間可走動蹓躂
私下變成
我該成為的人
不多，也不少。

——賽柏斯俊‧馬修（Sebastian Matthews），
「褪去謬斯的華服」（Undressing the Muse）

第八章

專心：放慢腳步

居善地。——《道德經》

艾瑪兩歲大時，有個朋友給我建議：「試試以膝蓋著地的姿勢在妳家四處走動，看看艾瑪在這種高度所見到的世界。有趣嗎？乏味嗎？可怕嗎？危險嗎？」

「棒透了先生」和我善盡父母職責地以膝蓋在家裡走動，結果發現門太高搆不著，延長線呼喚著我們的名字：來絆在我身上！讓我纏繞你！用我去捆綁你的貓咪！照片和畫作太高，啥都看不見。書本拿不到。四面八方都冒出眉毛高度的銳角。在這種高度，許多東西只會讓我們殘廢受傷，無法吸引我們。

從艾瑪的角度來看過世界之後，我們調整了很多東西。約翰配合她的高度，在門上安裝了小門把，好讓她感覺自己夠大、夠強壯，充滿力量。為了她，我們把畫往下掛，在她的高度而非我們所在的上方創造出一個全新的小世界。這些應變措施都很簡單，但能發揮無比力量。當她看見小書架上擺著她最愛的《螞蟻說：「我辦不到」》，而且位置低到可以讓她像個大女孩自己拿取，整個小臉蛋都亮了起來。

我最近之所以想起這些事，是因為我發現艾瑪的四歲妹妹泰絲發現

189

一種方式，可以記錄她那一百一十四公分高的生活。幾個月前，就在我們沒注意時，泰絲強占了我很愛的那臺 Canon 數位 Elph PowerShot600 相機。很快地，我們偷偷見到了她眼中的世界——她在桌子底下拍照（裡頭那些糾結纏繞、誘人危險的電線就像亞馬遜野生叢林的眼鏡蛇）——此外，還有好幾十張照片是她的腳。**左腳，右腳，接著是兩隻腳。**左腳，右腳，接著是兩隻腳。順序完全沒走調，就像士兵行軍，泰絲也有她的小節奏，精準如中文字，筆畫順序馬虎不得。左腳，右腳，接著是兩隻腳。

這些腳的照片有上百張，有些靜止，有些移動。精彩的著地動作，與大地緊緊聯繫，就在落下的幾步之距。她讓自己與土地相連，記錄她的著地過程，以某種有趣的方式來證實自己的存在。而這種方式就像華克‧波西（Walker Percy）的小說《影迷》（*The Moviegoer*）裡的主角賓克斯‧波林，在電影裡找尋他的生活現實——看！那個公路指標就是指向我的家鄉！而泰絲則是透過拍下她那雙有著巨大腳趾，寬扁如厚木板的小腳丫踏上大地的照片來確認她的人生。她攀懸在一個旋轉的星球上，但找到方式安置自己，並從中獲得莫大的滿足感。她記錄下她行走於世界的小步伐，左腳、右腳，接著是兩隻腳。

> 我可能不知自己是誰，但知道自己來自何方。
> ——華萊士‧斯泰格納（Wallace Stegner），美國著名的歷史學家暨小說家

身為成人，我們從世故、漠然、快節奏的距離來看事物，使得我們幾乎無法意識到很多事物的存在。對一個身高一百一十公分的孩子來說，消防栓是個足以讓他驚奇的大事件，是閃耀光芒，是希臘神話裡的獅身人面獸斯芬克斯，只是我們成人經常對它視而不見。從泰絲的角度和高度來看，鄰居的狗確實成了外星入侵者。

在最近的一次企業充電營中，有天早上我們要求所有成員在小木屋旁的湖邊集合。「我們要走很遠的路去中國。」大衛告訴他們：「用白話來說，接下來十分鐘大家要繞湖一圈，但如果我見到你在十分鐘內有

任何移動，就表示你走太快。」大家呆楞了一下，慢慢弄懂這項指示。

從我所在的位置看他們，個個就像真人大小的美麗雕像。接下來十分鐘，他們只敢以幾乎難察覺的方式移動，有人動了幾吋，有人在那段時間只移動四分之一吋。

之後進行討論，大家才清楚原來每個人對這項練習各有自己獨特的應變方式和策略。有人把焦點放在湖泊或世界另一邊的遠方某個點，有人則氣餒自己永遠達不到目標。有人將焦點放在一個寶塔上，隨後想改變方向，卻無法決定是否該沿著原路返回起步的地方（雖然這一切動作都發生在她的腦海），或者該繼續走往新的方向。整個旅程都必須在身體不動的狀態下進行。有幾位很驚訝當他們把焦點放在邁出步伐所需的細微動作時，從中獲得某種啟示和心得。當大家放慢在世界的移動速度，就可以感覺到每條肌肉的收縮、上提、以及對每個動作的預期。他們對腳趾、腳掌和雙腿的專注讓我想起心無旁鶩的泰絲，左腳，右腳，接著是兩隻腳。

別忙著做事！站著想想！
——現代佛教諺語

作家露西・里帕德（Lucy Lippard）曾寫道，我們可以透過走直線來測量怒氣有多少。「在愛斯基摩人的習俗裡，生氣的人會往前直直走，走到怒氣消為止。怒氣消的地方就插根棍子，用來代表他的怒氣有多大或多長。」

你的怒氣會讓你走到多遠的地方？美國中部的聖路易斯城？夏延市（Cheyenne）？還是臺北？如果用直線距離來測量愛呢？你又會走多遠？

朝聖者也會走路，直直走向他們的信仰，走向斯里蘭卡的聖山亞當峰，或者穆斯林的聖地麥加，以尋找比我們自己更巨大的東西。每一步都是一次思考，一次蛻變。

低頭看看你稱為家的那片土地。立穩腳跟，安置自己，我說的不是

比喻，而是要像四歲孩子那般接近土地。拆卸框架，活在當下，靠近地面。完全與大地接觸。

留意你的腳步，甚至要注意到預期的步伐，以及你的腳趾著地的方式。若是輪椅人士，留意你在世界裡漫步時所經過的土地。你跟它的關係如何？你投射出什麼影子？你往哪個方向移動？記得放慢速度。

> 要嘛做，要嘛不做，沒有所謂「試試看」
> ——《星際大戰》裡的尤達大師

遵循你想要走的路

別去路徑所引之處，要去沒有路徑的地方，留下你自己的蹤跡。
—— 愛默生（Ralph Waldo Emerson），十九世紀美國思想家暨詩人

在我們嬉戲的公園裡，有數條鋪設整齊的水泥小徑，從鞦韆架延伸到野餐桌，從遊戲城堡延伸到足球場、從噴泉延伸到小橋，從這裡延伸到那裡，從 A 到 B。

此外，也有幾條真正的小徑，泥巴路那種。這些從水泥小路延伸而出的泥徑經常才能通往大家要去的地方，它們記憶了孩童嬉戲的真實舉動，見證了生活的真實模式、人性的意圖，以及真正的目的地。

去年我朋友安妮塔從《洛杉磯時報》剪了一篇文章寄給我，並附上一張字條：「我想妳應該會喜歡這篇文章。」我確實很喜歡。羅伯特・芬曲（Robert Finch）這篇《沒人走的路》談的就是人們不走既有的通道，反而喜歡穿越雜草叢生的區域，自己踩出泥徑，而這些泥徑會帶我們走往我們真正要去的地方。

在造景工程這一行，這些隨興的歧路小徑都會被冠上詩情畫意的名字，比如欲走之徑。這篇文章說：「……你抄近路越過一片草地時，會見到人群踩踏過的泥徑，這些泥徑的旁邊經常就是大家視而不見的小路，這種狀況更常發生在路線不夠直的地方。我喜歡偏遠小徑，因為它

們永遠不會很直，而是像河流蜿蜒繚繞，彷彿要證明渴望本身不是線性，（實際上）也不筆直。」

　　有些造景工程師會故意設計不同的路徑，並且將這些自己冒出來的泥徑囊括進去，然後等著觀察行人偏好走哪條路，最後再依此建造正式小徑。（我好奇，建造完後會不會創造出更多非正式的小路。難道人類有如此強烈的渴望，想偏離既定路線，打造自己的路？）這代表我們渴望走自己的路，不理會水泥小徑。我們想推開生命樹叢，走出一條新路，為了追求雙腳踩在真實大地的感覺，為了看見我們親自穿梭在空間的成果。有人認為，這是人性的最終嚮往，也是最自然的人性意圖。

> 這條小路有心嗎？如果有，那就是好路，如果沒有，那就沒用處。
> ——卡羅斯・卡斯塔尼達（Carlos Castaneda），人類學家

　　自然的人性意圖。我的人性意圖呢是什麼？你的又是什麼？或許若我一遍又一遍細看我所踩過的路，就會看見意圖清楚顯現出來，正如唯有飛到小麥田上方才能看見的麥田圖案。**或許要拉開一些距離才能看見小徑。要不，至少也得從不同角度才看得見。**

> **重點不在於我們站在何處，而在於我們要往哪個方向移動。**
> ——歌德（Johann Wolfgang von Goethe），十九世紀德國大文豪

　　幾年前，「可適性路徑」（Adaptive Path）顧問公司的創辦人彼得・莫侯茲（Peter Merholz）曾描述柏克萊大學刻意關閉道路的過程。他們不保留自然形成的道路，使之自然而然變成既定路徑，反而在不恰當的地方蓋出一道奇怪的鐵障來逼迫行人走在「真正」的路徑上，結果大家乾脆直接繞過鐵障。如果正式的路徑對於我們的實際生活或者產品使用不具任何意義，我們就會創造出自己的路，不會因此受阻（不過有時候得花上大半輩子才能創造出屬於我們的真正新路徑，對吧？）

　　當我以鳥瞰角度看著自己的路，回顧我所做過或者沒做的那些決

定，我必須問自己：我讓那些決定變成真正的路徑嗎？或者築起水泥欄障，把我自己逼回「正式」的路徑上？

三十七天：即知即行的挑戰

　　在你的生活裡播下植物種子，看看草地被踩踏出來的樣貌，以找出屬於你的小徑。在心中給你的道路拍張空中鳥瞰圖。它們源自哪裡，通往何方？這些道路代表你真正的生活意向、明確的奮鬥目標嗎？或者它們只是一條捷徑？你的道路交錯出什麼樣的地貌？既然你渴望多年，為何不讓它們成為生活裡的真正路線？打造出你自己的方式，開闢出你自己的堅定道路。找出能表達你的人性渴望或企圖的終極方式。留下你的足跡。

行動：

根據科幻小說家羅伯特・奧倫・巴特勒（Robert Olen Butler）的說法，每個故事都是某種渴望碰上阻礙所發展出來。

- 想想你的渴望——希望孩子乖一點、婚姻更美滿、完成那本寫了十三年的書，或者減肥成功。

- 花十分鐘，以你的渴望為主題寫篇故事，每段都用以下的故事提示來起頭：

  很久很久以前……

  每一天……

  但是有一天……

  因為……

  終於……

  從那時起……

這個基本的故事架構可以用來探索各種可能性。更令人驚奇的是，這麼小的架構可以發揮無比功用。你用這種方式所創作出來的故事（和解決方式）會讓你自己嚇一大跳。故事提示通常很有用，可以讓你更清楚確認你的渴望和阻礙，不管那阻礙是真實或者出自你的主觀感受。別怨恨阻礙，沒有阻礙，故事就無法繼續。沒有那隻可惡的大野狼，就沒有小紅帽。

或許，想要迷路，必須更加迷糊。
——梭爾·貝婁（Saul Bellow），美國作家，諾貝爾文學獎得主

沒走偏，就不可能有突破。
——法蘭克砸帕（Frank Zappa，美國搖滾怪傑）

去看小忍者劇團

生活只有兩種過法，一種是過得什麼都不算奇蹟，另一種是過得樣樣是奇蹟。

——愛因斯坦（Albert Einstein）

　　艾瑪和我都覺得不太舒服，有點想吐、肚子咕嚕咕嚕叫、頭痛、行動遲緩。我們兩人同病相憐，全身無力，感覺像食物中毒。

　　或許是天氣太熱，或者問題出在墨西哥菜，要不就是印度菜或泰國菜，要不就是當天我受邀在麗池卡登酒店發表演講的那場研討會所供應的不知名午餐出了差錯。這酒店住一晚要價六百四十九美元，我們可住不起。總之，肯定不是——容我再次重複，絕不是——我們進城後第一家光顧的茱麗亞肉餡捲餅店所供應的素食捲餅出了問題。

　　這幾天在美國首都——這個我曾住了二十多年，但現在不居於此的地方——我和艾瑪都累壞了，全身虛脫，反胃作嘔。在之前常造訪的安得烈·雪瑞奇沙龍店待了一下午後，我們的指甲和腳趾看起來美呆了，我還畫上了會令人懷念起諧星格勞喬（Groucho）的兩道濃眉。雖然我

們似乎病了，但還是得病得漂漂亮亮。

　　整天忙完回到旅館，汗流浹背地躺在床上，冷氣機吹出的微風讓我舒暢得全身分子不再躁動。半晌後我問女兒：「妳還好嗎？」

　　「唉唷……」我聽見她呻吟。

　　「如果我們要準時到甘迺迪中心，現在就該走囉。」我說：「如果妳也要去，我們就搭計程車。」其實我最想做的是好好睡一覺，或者讓自己陷入藥效發作後的昏睡狀態，直到病懨懨的感覺褪去，不過話說回來，生命已經浪費太多時間在睡覺上，而且又不是每天都有機會到甘迺迪中心觀賞《馬克白》，況且還是免費的。

　　這齣劇是由小忍者劇團所演出。「我發現這個城市的很多自動販賣機都在賣塑膠製的小忍者，」該劇團創辦人多夫・威恩斯汀（Dov Weinstein）說：「可是沒人利用它們來表演古典戲劇，所以我認為應該試試看。」當我在甘迺迪中心的網站上讀到這句話，就知道我很想去。

　　在**當下這一刻**，我們的選擇愈來愈少，若繼續趴在床上，就會更毫無選擇。看來沒時間吃晚餐。反正我們兩人都病懨懨，加上隔天得半夜四點起床趕六點的班機，所以乾脆別再找機會誘惑掌管食物中毒的大神。「我不確定，」她說：「我不太舒服。」

> 我擁抱新體驗，我參與新發現。我是蝴蝶，不是蝴蝶人。我要的是身為蝴蝶的經驗。
> ——威廉・斯戴佛（William Stafford，美國著名詩人）

　　「我也是。」

　　「我不知道，妳想去嗎？」

　　「不知道，妳呢？」我們輕輕地把決定權來回拋給對方，趴著床上單眼對看，看看誰能讓我們繼續待在這個冰涼的冰箱中，直到明天清晨。

　　母女在沉默中各自掙扎半晌，沁涼的被單令人身心舒爽，就像在熱氣蒸騰的浴室裡踩著冰冷地面那種透心涼，嗯，你知道我的意思。

　　五點二十五分了，如果我們想趕上六點開演的節目，就必須立刻動

身。我很討厭遲到，所以母女倆掙扎著爬下床。

　　走到外頭，熱浪一波波襲來。「我看我得來瓶薑汁汽水和鹽脆薄餅。」我說，但我們沒去找這些食物，而是遲緩地進了計程車——幸好有冷氣——在尖峰時間趕往甘迺迪中心。**計程車一踉蹌，我們就得更費力止嘔。**「往遠方看。」我焦急地壓低聲音告訴艾瑪，「看遠處就不會想吐。」

　　抵達後發現千禧舞臺空蕩蕩。「怎麼可能？」我看著觀賞區裡的座椅，空蕩景象把我震驚得無語。「不可能搞錯啊，明明是六點鐘開始。」我站在原地猛看著舞臺，彷彿盯得夠久就能讓舞臺忽然冒出馬克白。虛弱無力的我被徹底搞糊塗了。

　　「媽，」終於，我身後的艾瑪開口說話，「媽啊！」我慢慢轉身看著她，不想讓我急忙轉身的舉動洩漏我的迷惘。「大家都往那裡走。」她指著另一處。我將身子更往後轉，瞭望甘迺迪中心那條豔紅長走廊的另一端，視線越過約翰・甘迺迪總統那顆巨大的雕像頭，望向另一座千禧舞臺，這才發現舞臺四周萬頭鑽動。我們太遲了。座椅全滿，人潮不斷，我們被困在為了維持秩序而拉起的紅色繩欄裡，動彈不得。

　　你決定要做的事，就是當下的一切，但沒有什麼是你非做不可的。
　　——丹尼斯・魏特利（Denis Waitley，美國激勵大師）

　　「我需要薑汁汽水。」我又說了一次，給我們母女買了雪碧，兩人本能地將冰涼的瓶身貼在太陽穴和脖子上。

　　穿著紅外套的幹練接待員緊張兮兮地看著我們這群數量遽增如氣球膨脹的無賴群眾。這群烏合大軍的數量讓其中一位接待員特別緊張，她不停地從這頭走到那頭，緊盯著人群。節目開始，幸好有人大發慈悲將表演投射到大螢幕上，好讓觀眾得以欣賞。那位幹練但苦惱的接待員走到我們身邊，「我可以再讓六個人進去。」她說，看往我們的方向，霎時人群蜂擁而上，淹沒我們母女倆，還將我們和手中的雪碧推擠到一

旁。手臂肌肉強有力的六名幸運兒被欽點後進入，我忽然覺得，他們真像電影《巧克力冒險工廠》裡那些小孩子，左推右擠，設法讓自己跳進巧克力河流裡。在我這番體悟裡，艾瑪——當然——就是那個靜靜站在一旁的可愛查理。而我則扮演安靜單純的好舅舅。

我們準備站著看完整場表演。今晚艾瑪看起來特別美，深色鬈髮映襯著非常蒼白的肌膚和非常藍的眼睛。她在發燒嗎？反胃嗎？怎麼看起來那麼像蘇格蘭人？

那位非常嚴肅，穿著紅外套的接待員出現在艾瑪前方，直盯著她的眼睛。「來，進去坐。」接待員說，然後將目光從艾瑪往上瞥向我，「進來。」她拉開紅繩門檻，將那些蜂擁而上的人群往後推，欽點艾瑪和我為萬中選一的幸運兒，領著我們進入。「跟著我。」她說，然後消失在右側遠方的簾波幕浪裡。我們跟著過去，最後從甬道的最前方冒出來。「妳們可以坐在這裡。」她壓低聲音說，指著第一排座椅前方的地板。

表演者就在左手邊。他穿著全身黑，戴著木偶操控者專用的及肩手套，除了掌控《馬克白》劇裡的每部分，同時還在一個黑色的小臺面上操縱每個塑膠小玩偶。

我們看著馬克白在上場打仗前先披上一件很小的彩格呢肩帶，訝異導演的腳趾竟能控制出令人讚歎的燈光效果，同時取笑他那些充滿想像力的布景道具。被包圍的可憐馬可白一喊出：「這是我眼前所見到的那把匕首嗎？」舞臺上立刻出現一把跟忍者一樣大的短劍，以繩子掛在長杆上。士兵雜遝的集體場面已事先黏製好，當心須讓他們消失時，威恩斯汀只消輕鬆地舉起他們，扔下舞臺。

坐在地板上的我們笑得樂不可支，還偶爾驚奇開心地轉頭互視。我們忘了不適的腸胃和手裡的雪碧。這種歡樂氣氛的滋味就夠甜美，而這樣的歡樂只有那些微笑的小塑膠玩偶可以帶給我們，即便四周是甘迺迪中心綿延數哩的紅地毯和厚重帷幕。

在這閃亮迷人的一刻，這一群小忍者把全世界變成舞臺。（聲效：敵人派蒂我冒出蠢蛋般的英式大笑。）

> 袖手旁觀看人生一向為我所厭，如果不參與，我會是誰？為了要成為自己，我必須參與我的人生。
> ──聖艾修伯里（Antoine de Saint-Exupery），法國飛行家暨作家，著有《小王子》

看著馬克白接受觀眾的起立歡呼，我心想，若歸根究柢，有時生命的意義就是讓自己現身於某些場合、或者坐起身、或者至少把一腳甩下床吧。

三十七天：即知即行的挑戰

小忍者劇團的格言是：「沒有小角色，只有小一號的演員。」聽起來真像生命。把自己拖到現場觀賞吧。待在陰暗的旅館，頭上開著冷氣，調低影集《六人行》的音量，一集接一集播放，這樣做很容易，但沒多久之後，當你醒來，就會完全錯過小忍者劇團，無緣見到馬克白！

行動：

知名作家亨利‧米勒（Henry Miller）寫道：「我們活著的每一天都在創造命運。」

- 花四分鐘回答這個問題：「在你生命中，你不曾走過哪些路？」

- 然後再花三分鐘，回答這個問題：想像你在森林裡，走路。停步，環顧四周，前方有三條路可以選，每條路通往哪裡？

- 讀讀你所寫的東西。

- 最後利用三分鐘回答這個問題：走上其中一條路之後，森林裡會有什麼生物讓你害怕？

> **進擊：**
>
> 　　接下來三十七天，每天都去那些你不曾去過的地方，雖然那裡會讓你害怕。去健身房、去醫院探望臨終的朋友，即使你不知道該說些或做些什麼，去甘迺迪中心觀賞某個成人把玩黏在紙板和膠帶上的塑膠小玩偶，並朗述莎士比亞的話。讓自己融入生命中，去看小忍者劇團，即便痠痛、難過、噁心、疲憊、悶悶不樂，也要起身走出去。表演不會永遠持續，現在就去，否則你會錯過。而且有時候，我們當下所需的奇蹟就是小忍者。

下船

若你真正停下來面對恐懼，就能從每一次的經驗裡獲得力量、勇氣和信心。你必須去做你以為自己無法做的事。

——伊蓮諾・羅斯福（Eleanor Roosevelt，美國前總統夫人）

　　一九八八年秋天，我乘船繞行地球一圈。事實上，真正狀況不像聽起來那麼浪漫刺激。當時我參與的是大學海外研讀計畫，這個計畫

> 有欲望，就有一半的生命，若冷漠，就一腳踏入死亡。
> ——紀伯倫（Kahlil Gibran），著名黎巴嫩裔作家

會在十個港口停留，包括日本神戶、克羅埃西亞的斯普利特港（Split）、土耳其的伊斯坦堡、西班牙的卡地斯（Cadiz）等。就這個教育計畫來說，學生在各港口的經驗非常重要。我們會安排在該國的學習方案，以補充學生在「SS 宇宙號」船艦上的教室課程。

　　啟航一個月後，我發現有個學生從不下船。我們怕不小心把學生丟在烏克蘭共和國的奧德薩市或臺北，所以通常會仔細追蹤學生的護照，而我明顯可以看出有個女學生從來不曾下船踏上我們造訪的港口。

　　停泊在馬來西亞檳城時，我找她出去，我們坐在水邊的海濱大道

上，靜靜觀看工作人員替船隻補給貨物，半晌後我才問她為什麼之前老待在船上。她承認她沒下過船，因為害怕會迷路——我完全沒料到會聽到這種答案。

我思索半晌，才有辦法回應。在我看來，她的恐懼毫無道理，但對她來說這種恐懼真真實實，合情合理，因為它確實定義並侷限了她的世界。「嗯……」我終於開口，「妳幾歲？」二十歲。

我們又沉默地坐了幾分鐘，然後我問她：「妳認為現在美國女性的平均壽命是幾歲？」我問。

「我猜，八十歲左右吧。」她回答。

「妳想，妳會六十年都迷路嗎？」我淡淡地問。最後，我們約定下一站兩人一起迷路，結果那站是印度的馬德拉斯。

一九八八年之後，我經常想起這件事。恐懼——不管是理性或非理性的恐懼——讓我們的人生錯過了多少東西？**偶爾迷路，我們可以獲得什麼？我們讓什麼限制了我們的世界？我們一直待在怎樣的船隻上，不肯下船？**

> 所謂的「發現」，是指看見別人已看見的東西，卻想到沒人想過的事情。
> ——亞伯特・聖・喬基（Albert Szent-Györgyi，諾貝爾物理獎得主）

高中時我和一群同學去健行，由岩桌（Table Rock）穿越林威爾峽谷（Linville Gorge），走到米契爾山（Mount Mitchell）。走這趟通常需要五天，但我們花了七天才走完。我們共有二十三個十八歲的學生、兩位老師，三位嚮導。嚮導教我們渡河、看地圖、找北極星，並提供我們登上米契爾山所需的工具。「紙上教學」之後的實際操練就由我們這群青少年主導，完完全全主導。

別人教你如何看地圖，跟實際去看地圖是兩碼子事。第三天我們走錯整整十二哩路，但嚮導不動聲色，不出手導正我們，而是跟著我們多走那十二哩冤枉路。**原來，犯錯就是學習。**

德國物理學家赫爾曼・馮・赫姆茲（Hermann von Helmholtz）把知

識比喻成爬山登高。從山腳到頂峰，你不會走直線，你會左彎右拐，繞行穿越，最後到達山頂時你會看見山腳和頂峰，以及兩者之間的直線。攻頂後你可以把赫姆茲口中的「皇家大道」（最快、最正確的路）指給別人看，但對他們來說，這種方式所認識的皇家大道並不是學習，只是說明，就像別人教你看地圖絕對不同於你親自看地圖。

　　學習的過程絕不像皇家大道那麼精準，但學習就是在蜿蜒曲折的過程中發生。你會一開始就走錯，返回原點，繼續前進。有時會多走十二哩的冤枉路，有時還會迷路，但這些都是學習。不過，想要有這些學習，你得先下船才行。

> 如果你不親自到達，遠方就只是遠方。
> ——歐波瓦（O. Povo）

三十七天：即知即行的挑戰

　　許多發現都在意外迷路時，比如宇宙大爆炸理論、便利貼、木星的四個月亮、魔鬼沾、X光、甚至幫助別人找到我們的GPS，這些都是無意的發現。這個禮拜，問問自己你待在哪艘船上？如果不冒險下船，你會錯過些什麼。

行動：

世界冠軍拳擊手阿里（Muhammad Ali）說：「若五十五歲時看世界的眼光仍跟二十歲一樣，表示你浪費了三十年。」

- 你可以用相機或記事本來進行這項挑戰。拿起你的工具，找個你想拍攝或描寫的物體——花、水果、書、咖啡杯——任何東西都行，愈簡單愈好。

- 如果你用的是相機，至少從不同角度對著那東西拍二十次。改變光線和該物體所在的背景，試著玩玩不同的拍法。

- 如果你用的是記事本，那就以至少二十種不同的角度來描述該物體。

- 我們所「站」的地方會改變我們的觀點和視野角度。什麼經驗改變你的觀點？如何把這種經驗轉換到我們的日常生活中？我們可以如何改變觀點，以見到別人和生活事件的更多面？

在音樂裡，迴旋曲的形式是 AB-AC-AD-A。A 是基調，但隨著旋律開展，每一樂章的 A 聽起來都不一樣，因為它所搭配的主旋律不同，有 B，有 C，有 D。同理也適用於我們觀看周遭事物。改變脈絡，我們就會看見和聽見不同的東西。在這項挑戰中，你所選擇的物體也會因著所在背景的不同而看起來不一樣。你認為在生活中，可以怎麼應用這種原則？

停泊港灣的船隻很安全，但這不是建造船隻的目的。
——葛麗絲・霍普（Grace Hopper），世界第一批電腦工程師之一，有電腦夫人之稱

接下來三十七天，有意識地去探索。假裝你是一首迴旋曲裡的 A。每一天，把自己放在新的旋律中：迷路、轉錯彎、不走你平常走的路、循不同的路徑遛狗、閱讀你通常不會拿起來看的雜誌、跟迥異於你的人接觸、在你從未嘗試的餐館用餐。打破模式——比如你平常開車上班的方式、午餐的內容、互動的對象、觀賞的電影類型。踏上蜿蜒小徑，不走皇家大道。

感覺如何？

關上會議室的櫃子

匆忙的感覺通常不是因為過得充實忙碌而沒時間，相反地，是因為知道自己正浪費生命的模糊恐懼感所造成的。如果我們沒去做該做的事，也就沒時間去做其他事，結果我們成了全世界最忙碌的人。
——艾瑞克‧賀佛爾（Eric Hoffer），美國著名社會運動人士

我不記得自己曾忙到這種地步，就連小學四年級也沒這麼忙，那時我除了在班上的話劇課扮演美國墾荒時期引進蘋果樹的強尼‧蘋果子（Johnny Appleseed），還要學和弦齊特琴，同時要利用紙箱來製作全景的密蘇里州（我記得這種玩意兒的拉丁文是 Cardboardorama），以便在課堂上報告。這州居民很固執，難被說服，所以有「見到證據才相信之州」（Show Me State）的暱稱。還記得這種了不起的工藝技術嗎？拿個紙箱，把它裝飾得像電視機，在裡面放進兩個暗樺，然後將一張寫有該州故事的長紙捲在兩個暗樺上。這樣一來就能看見固執的密蘇里州州民的歡樂歷史在眼前一幕幕展開。（PowerPoint 軟體絕不可能做出 Card-boardorama 2.0 吧。）

多年後的今天，我卻因為一堆待辦事項而把自己和孩子嚇壞了。週

六我的頭快炸開，好吧，或許有點誇張，但一想到有那麼多事情還沒做，我的雙眼絕對往外凸了一些。這些事情包括臨時出錯的事、做到一半時跑去做下一件較愉快的事而沒時間完成的事，還有根本就忘了做的事。（梅格麗特，如果妳讀到這段，要知道我衷心祝妳生日非常快樂，好姊妹！蘿拉，妳也是！）這種自然而然的爆炸情況遲早會發生，我知道若我沒有及時寄出感謝函，生活就會處於橘色緊急狀態。

終於，我承受不住這種難以招架的焦慮。

所以我清掉餐桌上的大支粉筆和數學家龐加萊（Poincaré）的傳記，拿支好寫的原子筆和便條簿，就是那種墨水滑過紙張會發出沙沙聲，讓人很滿足的厚厚小本子。我坐下來不停地寫、寫、寫，就像二十世紀英國作家麥爾坎‧勞瑞（Malcolm Lowry）酗酒後在火山下拼命寫，只差我沒有龍舌蘭酒見底後的耳熱感，也不像他經常出現的淋漓大汗。此外，我不像他可以站著寫（我是說在他終於倒下去前），所以或許這樣的比喻不是很恰當。

再說我寫的也不是什麼偉大的美國小說。不是，我只是在條列我的待辦事項。沒依主題分類，也沒優先順序，我只是把該做的事情一頁一頁列出來。

其中有些真是大事，比如粉刷屋子、教養孩子、搞清楚每分鐘的長途電話費是多少錢，以及對人類基因體計畫提供我確定應該是很無價的見解。此外，有些事情較沒那麼重要，比如找出不見的拖鞋、買郵票、磨菜刀、喝更多水、去拿大學校園的停車證貼紙。我真的列出好幾百條，黃色條狀的便條簿上滿滿都是待辦事項。之前這些一直縈繞在我的腦海，但由於遲遲未能完成，加上我老處於幾乎忘記做的狀態，終於使得焦慮感浮上意識。

> 一心二用終將一事無成。
> ——西魯斯（Publilius Syrus），
> 古羅馬知名思想家

我將這些待辦事項移出腦袋，以便騰出空間裝入家人的社會安全號碼、顧客身分編號、銀行帳戶號碼，以及三十八萬九千

三百零二的平方根。但這樣一來反而覺得自己更快滑入待辦事項泥沼的深處，被它們的龐大數量搞得精力全無。我看著眼前列表，想起了小說家東妮・莫莉森（Toni Morrison）說過的一個故事。

莫莉森早年在蘭登書屋出版社工作時，有一天她的頭快炸開了，就跟我一樣，於是開始一一列出待辦事項。寫了一頁又一頁之後，她最後問自己一個問題：**哪些事不做會完蛋？**

回答完這個問題後，待辦事項只剩下兩項：⑴當孩子的媽。⑵寫作。

我之前在某個大型的全國協會工作，這協會在全美約有六百個分會。每年這些分會的會長都會來華府參加領導力發展研討會，所以每年我們必須在總部大

> 重點不在於你多忙，而在於你為什麼而忙。蜜蜂讓人稱讚，蚊子讓人窮追猛打。
> ——瑪麗・歐康諾（Mary O' Connor），紐西蘭長跑選手

樓招待他們，這代表我們必須把辦公室打理乾淨，就像（會給床單上漿熨平的）奶奶要來家裡晚餐。

有一年我的辦公室特別亂，而且忙到太晚準備這項盛會。放眼所及，桌面和所有看得見的地方全是「非常重要的文件和檔案」，每一項都必須立即處理。為了讓我的辦公室呈現出當下正流行的禪宗極簡風的井然氛圍，以迎接各分會會長的突襲，我決定將所有「不做會完蛋」的檔案資料丟進大箱子，然後費力塞入會議室的大櫃子。

> 我們的生活消磨浪費在細節上……簡化、簡化。
> ——梭羅（Henry David Thoreau），十九世紀自然主義作家

我的辦公室瞬間變得井然有序，一塵不染！我自封為辦公室整理比賽的冠軍！一看就知道我是個超級有條不紊的員工！這辦法真是棒透了！接待會開始時，我得意洋洋，會議室大櫃子這個策略太有效，所以隔年我又如法炮製一番。後來我打開櫃子，裡頭的箱子已經堆到和腰部

一樣高，一箱箱驕傲地堆坐著。這些箱子打從去年起就沒被打開過，裡頭那些生死攸關、時間急迫、超級重要的資料也被忘得一乾二淨。

我猜，那些東西其實沒那麼重要吧，因為這一年來沒一件完成，但也沒人因此死翹翹。日子照常過，反而變得更不混亂、更不零碎、更專注、更充實。

> 如果走錯路，奔跑有何用？
> ——德國諺語

三十七天：即知即行的挑戰

我的待辦事項就像我小學四年級製作的 Cardboardorama（紙箱劇），無止盡地在我眼前轉動，但或許我把移動和行動搞混了？替你的待辦事項製作一個 Cardboardorama，看著寫在紙上的事項一條條捲過，哪些吸引你的目光？哪些看起來有趣？哪些只是留在那裡要你注意到它？你真正需要或者想做的是哪些？停止捲動。

行動：

這項挑戰行動會比平常花更多時間。

- 今天花一小時想像你一次只能做一件事。如果喝咖啡，就不能看e-mail。如果跟鄰居說話，就不能摺衣服。如果走到信箱拿信，就不能邊走邊講手機。如果進食，就不能閱讀。一·次·一·件·事，試試看。

- 拿出記事本，進行簡短的自由書寫。

- 花三分鐘寫下一次只做一件事的經驗？你覺得如何？很難嗎？簡單嗎？氣餒嗎？

- 再花三分鐘回答這個問題：當我一心多用，同時做很多事時，會失去或者錯過什麼？

進擊：

這項挑戰從專注的自由書寫開始：

- 花五分鐘回答以下問題，連續書寫，中間不要停：今天的待辦事項有哪些？把你今天需做的事情一條條列出來，這些事情可能是已過截止期限，或者即將發生的事。

- 停筆。現在花五分鐘回答這個問題：哪些事不做會完蛋？

- 善用「哪些事不做會完蛋？」的答案。練習用各種不同的方法來拒絕不屬於答案裡的事情。

- 接下來三十七天，要把某事加入待辦事項時，看看它是否符合你「不做會完蛋」的標準，如果不是，就加以拒絕。

慢食，感謝廚師

我喜歡手工水果派遠勝於即食烤吐司塔，因為後者毋需太多烹調心思。

——凱莉‧史諾（Carrie Snow）

我的朋友露西以前住在芝加哥，她廚藝精湛，堪稱家事高手，直可媲美家事教主瑪莎‧史都華（Martha Stewart）（只差她沒像史都華啷噹入獄）。所以，我要去芝加哥出差時，很自然地問她，我該去哪家餐廳。她興奮地喘氣說出答案：Topolobampo（音譯：托波婁棒波，意指墨西哥的美麗海港）。

我和同事安潔拉大步邁向 Topolobampo。那美到讓人吃不下肚的沙拉一端上，我立刻明白露西所言不假——訓練極有素的侍者端上了品質絕佳的食物。

兩個星期後，芝加哥的公差再次跟我招手，當然又是一次跟 Topolobampo 的白髮領班碰面的機會。這位紳士中的紳士（真有這種人存在）態度親切體貼，當他伸手要幫我的同事大衛拿外套時，大衛在渾然不覺的情況下就自然而然地遞過去。

啟程之前我先寫 e-mail 給大衛，告訴他我已經訂了位子，他說光唸這餐廳名字就很有趣——托‧波‧婁‧棒‧波。托‧波‧婁‧棒‧波。托‧波‧婁‧棒‧波——跟這種聽覺的、交響的節奏樂趣相比，在那裡吃飯或許還比不上。

結果那一餐成為三小時的感官饗宴，從我們一坐下，到用餐結束遲遲不願離去，分分秒秒都是享受：沙拉擺盤美到讓我想哭，大衛點的湯由廚師臨桌製作盛呈，蘑菇混豆素食燉放在羊皮紙上烘烤，佐以自製玉米薄餅來降低鹹度，而且——為了展現好禮節——我必須承認那甜點和香醇咖啡至今仍讓我唇齒留香。

每一道餐點都是藝術品——融合視覺與嗅覺的上乘之作。甜點端上

後，我們放慢速度，夢想著某國度裡的樹幹是由一片片爽脆的薄巧克力圓餅，裹著吃在嘴裡如雲般細緻綿密的巧克力慕思所構成。我們想像著那國度裡的河流裡滿是濃醇溫熱的麵包布丁，裡頭愛意四溢，嚐起來如枕頭般撫慰人心，還有那浸潤在蘭姆酒裡的葡萄乾就像一個個蕞爾島國，或者至少像一艘艘橡皮救生艇，漂浮在石榴醬汁裡。

大衛說，用餐就該像這樣。我告訴他，我的五十歲大壽就是要來這裡慶祝。這樣吧，我們約二○○九年八月十六日在那裡見面，我來訂晚上七點的位子。當你進來時我會坐在左後方的角落（那是我最愛的桌位），滿心期待地高舉著叉子，含糊碎念著在這種地方計算卡路里很不道德，同時以摩斯密碼在桌面敲打出 Topolo（托波婁）。現在我可以簡稱它為托波婁，因為我已經是常客了。

> 烹飪的精神就在於創造風味。這得靠自己，誰都無法給你。
> ——傑米・奧利佛（Jamie Oliver），英國名廚

數個月之前，另一個地方的用餐經驗也讓我驚豔。食物沒話說，餐廳本身也很棒，當然，重點是身旁的伴，那晚是我的新歡（現在成為我丈夫的「棒透了先生」）。那餐廳是位於紐約雀爾喜區的 La Lunchonette。

不同凡響的用餐經驗還包括那晚在芬蘭首都赫爾辛基的 Alexander Nevski，這間俄國餐廳的菜單像高樓那麼高；或者在阿布奎基市M&J清淨玉米餅工廠（M&J Sanitary Tortilla Factory）吃到的熱騰騰薯片和滋味濃嗆的辣醬；娜娜餐館（Nana）以大量奶油去煎的波蘭餃子（pierogi）；在英格蘭哈洛蓋特鎮（Harrogate）的貝蒂咖啡茶館（Betty's Café Tea Room）吃到的黏稠太妃糖布丁；在愛爾蘭沃特福德（Waterford）吃到的薰衣草冰淇淋；史帝夫・克里波恩在農莊以石臼研磨的粗麵粉，以及媽媽的香草可可蛋糕。在我懷著長女艾瑪，莫名嗜吃某些東西的期間，我們數度晚上進攻華府的麥斯凱瑞恩衣索比亞餐廳（Meskerem Ethiopian）；還有華府那間遺澤印度餐館（Heritage India）的起司波菜泥；

以色列霍德哈沙隆市（Hod Ha-sharon）那個叫恰吉特‧扎克（Chagit Zakay）的廚師現做的皮塔餅和每樣餐點；還有，在斯里蘭卡從可倫坡到坎迪地區（Kandy）的火車上，我吃到香蕉葉裹咖哩飯，一頓畢生難忘的午餐。

「一九七〇年代我曾在中央公園吃過最棒的熱狗和可樂呢。」我那變成素食者的丈夫約翰，淡淡地在我的難忘食物清單中添上一筆。

是哪些人做出這些史上無敵的餐點，讓陣陣香味把法國詩人普魯斯特帶入我的追憶中？

他們是人生大廚，在盤子上混攪著魔法，就像我的朋友蘿絲瑪麗能把番茄和橄欖甜塔變成一次改變生命的體驗。他們料理出來的不止是有形的食物，他們還創造回憶，以石榴醬、香蕉葉、一碗無懈可擊的墨西哥辣醬和一片熱騰騰的猶太餡餅為道具，施展魔法，變出具有畫面、聲音和對話的回憶。這樣的料理境界是真正的天職。而在這些人裡，約翰那位在舊金山當廚師的表親菲利浦也名列其中。

數年前約翰的弟弟在紐約結婚時，我們前去參加婚禮。當時我大腹便便懷著艾瑪，約翰穿著筆挺西裝，忙著在婚禮派對上招呼客人，所以我和他的表哥菲利浦坐在一起。那次是我們第一次見面，聊了幾小時，還一起跳舞。比約翰大四歲的菲利浦一向是約翰最喜歡的親戚。

菲利浦這輩子都在替餐廳的客人製造回憶，看著他們在桌位上宣誓愛情；締結友誼；在交融的味道間（比如他拿手的義大利餃沾番紅花醬），以乾杯和滿足笑容歡祝週年慶和生日快樂。在觥籌交舉之際寫下家族的里程碑、敲定交易、轉換生涯跑道、化解嫌隙爭執、為新生兒命名、激盪出寫作靈感、進行談判協商、賦予工作職位（有時是拒絕）、列出清單後又遺失、做出大大小小的決定。廚師是一項天職，而在蒸騰的廚房熱氣裡有著廚師的人生欲望。

> 烹飪是讓我們重新接觸能提供慰藉之事物的最佳方式。
> ——麗姿‧史考特（Liz Scott）

去年約翰的父母打算到舊金山拜訪菲利浦，他們希望我找到可以鳥

瞰水景的特別旅館，好讓菲利浦能瞭望風景，見證美麗時該。負責訂機票和旅館的我當然一心一意要找替菲利浦找個美麗優美的地方，畢竟這是我唯一可以做的。他正在接受化療。癌症，又是癌症。約翰的父母要來照顧這個侄子，陪他坐，幫他洗澡，看看這個他們從小看到大的小男孩，在他迅速走向生命盡頭前好好愛他。

菲利浦・雪瑞梅塔好幾年來透過他的廚藝和食物提供給顧客許多回憶。週四他離世那天，我正坐在愛荷華州迪摩因市的機場等著回家的班機，被空中交通搞得煩躁不安，就在這時，他走了，五十四年的生命就這麼結束了。

無來由地，我們快速地消耗生命，把生命過得太快。在苦短的人生中，我們在手工水果派和紅莓夾心吐司塔之間匆促做決定。我們必須慢下來，好好品嚐每一口甜點，從中體會人生滋味。

> 任何以愛烹調出的東西，讚！絕對是美味料理。
> ——艾默利・拉加西（Emeril Lagasse），美國著名廚師

三十七天：即知即行的挑戰

慢慢吃你的麵包布丁，花點時間在石榴醬裡慢慢悠游，去感受葡萄乾島嶼等等。好好吃、慢慢吃，對食物的藝術性懷著感恩心，讓你的人生料理延續久久。別吃貨架上的現成吐司塔，好好感謝真正的廚師。

行動：

- 今天花十分鐘清理你的食品儲藏櫃。

- 重新開始。

- 把你自己當廚師，廚房藝術家，即使你的料理平凡、簡單，只有一位食客。

- 今晚做點你從未做過的食物。在你的盤子上創作藝術。

- 就算你是重度肉食者，也找機會試試這部了不起的重量級食譜：《素食創藝家：終極素食料理書》（*Veganomicon: The Ultimate Vegan Cookbook*），作者依撒・莫思科威茲（Isa Moskowitz）和泰瑞・霍普・羅梅羅（Terry Hope Romero）

- 訂閱這幾個介紹真正食物的部落格：

  完美食物儲藏櫃 The Perfect Pantry（www.theperfectpantry.com）
  無脂素食廚房 FatFree Vegan Kitchen（http://blog.fatfreevegan.com）
  我愛農莊 I Heart Farms（http://smallfarms.typepad.com/small_farms）
  無麩質女孩 Gluten-Free Girl（http://glutenfreegirl.blogspot.com）

進擊：

接下來三十七天，你要當餐館評鑑家。

　　不管在餐館或在家，進食時必須想著你將對他人描述這餐食物。

　　接下來三十七天簡單記錄你吃下的所有食物。

　　在心裡記錄你對這餐的評價，藉此來練習慢食和專注。

打方向燈

人改變之後，往往忘了彼此告知。

——麗莉安‧海爾曼（Lillian Hellmanz），二十世紀美國劇作家

　　我那輛可愛的第二代福特 Bronco 老爺貨車已經開了將近二十八萬公里，駕駛座那側的車門壞了，得從外面開啟，前方乘客座的窗戶卡住，無法完全關閉（下雪時刺激得很），沒冷氣，壞掉的駕駛椅得靠超級大抱枕來支撐，除非你喜歡以該死的水平角度來開車。再增添點學步兒（圈圈餅的氣味）和青少年（身上有電影《拿破崙炸藥》裡那個怪咖主角圖案的刺青貼紙）的臭味，你就大致可以想像我的拉風車長得什麼樣。當然沒法跟藍寶堅尼的超級跑車 Murcielago 相比。

　　但我這輛名為傑叟羅的汽車是我最親愛的老友，它伴我走過許許多多的轉捩點，十六年前我買下它時，就正好面臨人生的大轉折——懷了女兒艾瑪。

　　買這輛車之前，不管到哪裡我都騎著一輛單車。那是製造商 Schwinn 於一九六八年出廠的藍色三段變速自行車。會噹噹作響的單車鈴有瓢蟲圖案，後座還有兩個鐵籃，一邊一個，恰好保持車身平衡，形狀和大小非常適合用來放置裝有日用雜貨的大紙袋，乘坐的時候身體必須挺直，就像電影《綠野仙蹤》裡西方壞女巫載著小狗托托，被大風捲走的那輛，或像美國老片《槍煙》（Gunsmoke）裡凱蒂穿長裙騎的那種。

　　當我的孕肚便便隆起，大家一見到我騎著那輛單車搖搖晃晃向他們迎面而來，個個爭相走避，臉上流露驚恐表情，彷彿我用力踩二檔時孩子會蹦出來。我之所以騎得搖搖晃晃，是因為增加的中段身軀影響了平衡。

　　終於，我那位溫柔可愛，說話輕聲細語的婦產科醫生提出警告：不准騎單車，如果我聽話，生產時她就同意我做無痛分娩。這賄賂聽起來很合理。後來在陣痛時，我挺高興自己當初接受醫生這個賄賂。於是我

請繼父幫我找輛二手小車。沒幾天他就說有位朋友想賣掉那一乾淨樸實的福特Bronco。這輛車顯然天天以吸塵器清理，而且每次用過後都會以棉花棒來擦拭引擎。**就這樣，我和這輛車開始談戀愛。**

但每次這輛小貨車故障，我就覺得她讓我好丟臉，沒辦法對她心存感謝。我會不會害怕別人只憑我開的老爺車來判斷我？或許吧。如果我伸手從外面開啟駕駛座的車門，會影響別人對我的印象嗎？或許會。他們可以這麼勢利，「以車取人」嗎？不可以，但就是會這樣。我們有其他車可以開嗎？有，但我就是喜歡這輛。

後來，當我開著這輛小車進城四處晃時，愈來愈常接收到其他駕駛人的惱怒眼光。見到他們粗魯無禮的表現，我心想，現在路怒症嚴重到失控了嗎？他們大概因為我無法在兩秒內從零加速到六十而不滿吧，也或許他們就像聖經裡的好心撒瑪利亞人，想提醒我，我的風雨衣垂在車門外，很可能捲進車輪，進而害我跟優秀的舞蹈家艾莎道拉·鄧肯（Isadora Duncan）一樣命喪衣物。

直到最後，有個朋友見我開車進城，答案才揭曉。「對了」，她說：「妳知道妳的車子沒有方向燈嗎？」

我一直以為我有打方向燈，其實不然。其他駕駛人無法分辨我接下來要做什麼，所以當他們發現我忽然轉彎（或者不轉彎）時，當然很不悅。他們不知道我的意圖——而我卻以為我很清楚告訴他們，很盡責地打了方向燈，甚至聽見答·答·答的方向燈聲音，絲毫不知道這個動作根本沒有傳遞給外頭世界。他們以為我開車不告知方向，而我以為他們暴躁易怒。

幾年前某個清朗的秋日，我想起這件事，驀然明白別人不會知道我的想法（事隔這麼久才第一次瞭悟這道理，真教人臉紅），他們只會看見我的行為。所以，即使幾星期前我就想到你的生日即將到來，甚至一想到臉上就泛起微笑，還在心裡記著要送你卡片，但倘若你生日那天，我音信全無，你就不可能知道我惦記著你。

你可以想見類似事情若發生在更為複雜也更為重要的生活情境中，

會有多大的風險。

就像開車，人類也經常「變換車道」。我們會改變方向、減速和加速，繞道和轉彎。我們應該幫助周遭的人知道我們的想法，好方便他們換檔、騰出空間、減速、禮讓。

生活正如這種交通難題（隱喻），我的原本用意和你接受的訊息之間也會有落差。有時候，我以為我傳遞給世界的訊息和我真正傳遞出去的東西並不一致。

> 我想，我們之所以有人性，是因為人與人之間相互聯繫。我們有能力去形成關係並加以維繫，藉此指標我們才得以稱呼自己為萬物之靈。
> ——湯瑪斯‧潔恩（Thomas Jane），美國演員

你在紅綠燈前，等著轉彎，若我沒打方向燈，你會不知道我要往哪個方向。你以前曾在這種情況下被人插隊，所以你得迅速判斷我是否值得信任。你也怕我會撞到你，或者讓你浪費五秒鐘的寶貴時間，你直盯著我的動靜，以便知道該如何回應。我沒打方向燈的舉動威脅到你的安全，降低你的行動能力，破壞你原本對交通模式的理解。綠燈亮起時若你所採取的動作錯了，你就有正當的理由責怪我沒打方向燈——若到時你仍活著。

對，什麼都是隱喻。

我們所有人都跟交通號誌燈息息相關。

事業夥伴大衛和我會在工作坊裡進行「三角結構」（Triangle Boid）的練習。不管是小團體或者上百人的大團體，這種練習都能達到同樣的效果。我們要求團體裡的每個人偷偷地找團體裡其他兩個人做為三角形的兩個角，而自己是第三個角。所以每一個人都是其他人的角，但沒人知道自己是誰的角。

身為參與者，我必須找出三角形的另外兩個角，一聽到「開始」的指令，參與者就必須在屋內走動，但不能交談，這時我必須隨時改變位置，以便讓我自己和其他兩個角繼續保持三角形。我必須移動，跟他們兩人保持相等距離。

就這樣，現場出現了一支奇怪但美麗的舞。我每天都在組織裡見到

這種舞蹈上演：我自己在跳舞的同時會觀察上司往哪兒移動，並跟著他移動。見到他移往不同方向後又跟著移往那裡，像水草一樣隨波搖擺。做這個練習時，屋裡的每個人都對四周人群的舉動保持高度警覺，努力調整自己來配合別人的行動，透過跟別人的對應關係來看待自己，以便維持三角形。

這個練習開始進行之前，我們會告訴團員，活動進行到某個階段時，我們會拍某人肩膀。如果他們感覺到自己被拍，就要立刻坐在地板上。如果大家看到屬於自己的某一角坐下來，也必須跟著坐下。

一旦拍了某人肩膀——只在一肩輕輕拍一下——很短時間內每個人都會坐下，即使在場人數高達好幾百。那畫面就像一場奇怪的靜默芭蕾舞劇，所有人瞬間坐下，場面極為震撼。

> 事情沒有改變，改變的是我們
> ——亨利・梭羅（Henry Thoreau）

所有人類都交互關連。我的舉動會影響到你，你的行為也會影響我。即使動作毫不起眼——只是拍個肩，只是三角形的其中一個角，只是一個綠燈。

> 大家都說時間改變一切，但其實必須由你自己去改變。
> ——安迪・沃荷（Andy Warhol，普普藝術家）

那輛 Bronco 老爺車依舊勇猛，不過我還是怕它年事過高。說實話，我（也還好）偷偷地渴望一輛偉士牌機車，方向燈沒壞的那種。

三十七天：即知即行的挑戰

檢查你的方向燈，會亮嗎？將你的意圖表現出來，擁有你的三角形，察覺骨牌效應。愛你的老爺車，珍惜它所轉過的每個彎。

行動：

專注的自由書寫：

- 花三分鐘回答這個問題：十三歲的我是誰？鉅細靡遺地描述當時的你。

- 讀讀你所寫的東西，現在花三分鐘回答這些問題：那個孩子到哪兒去了？我轉了哪些彎，以致於遠離了他或她？

- 花兩分鐘回答這個問題：他或她的哪部分仍然存在？我現在仍想拾回哪些部分？

- 最後花兩分鐘回答：若要回到你想重拾的那部分，你必須轉哪些彎。

進擊：

　　大文豪馬克‧吐溫曾寫道：「我可以教任何人怎樣獲得他們想從生命得到的東西，問題是我找不到誰能告訴我他真正想要什麼。」清楚創造出我們想要的願景，並非易事。但若能辦到，就代表我們擁有這樣的願景，可以開始擬出策略來實現願景。在我的私人健身教練麥可‧史顧茲的幫助下，我最近創造出一種「健康願景」。麥可要我更具體描繪那個願景，找出能激勵我達成該願景的事物，並釐清障礙，擬出克服這些障礙的策略——對任何願景來說，這些資訊都非常重要。

> 隱藏起來的連結比明顯可見的聯繫更為強烈。
> ——赫拉克利圖斯（Heraclitus of Ephesus），古希臘哲學家

就拿我的願景當例子吧，閱讀的同時你可以思考想創造出什麼樣的願景。或許跟健身無關，而是跟為人父母或感情或工作有關。我的願景是：「我要精力充沛、靈活有彈性。肌肉伸展時我要能感覺到它們的存在。我希望在世界遊走時全身上下沒有贅肉。我想纖細結實，重新定義自己是個身強體健的人，藉由健身來延緩老化速度。我希望動作更敏捷，更自在自信，我希望每天都充滿活力，能夠跟艾瑪和泰絲在外頭玩耍。我喜歡健走和騎單車，我們全家週末時多從事戶外活動。我希望自己身體強壯，對自己的體型身材充滿信心。」

　　我這個願景的動機來自於我想為女兒樹立榜樣，想跟她們一起參與各種活動，想重新定義自己是個身強體健的人，即使年齡增長卻變得更強壯。而這個願景的阻礙包括設立的目標不切實際、作息時間難以掌握、我習慣把別人的事情擺在前頭，還有一不小心就會浪費時間。而克服這些障礙的策略是利用「規定」來區隔出工作時間和健身時間，並且克制我那種全有或全無的思考方式。

・接下來三十七天，每天至少抽出十分鐘來創造你的願景，這願景可以與健身、工作或婚姻有關。要具體，令人讚歎，而且專屬於你。然後，「打方向燈」，把你的願景告訴別人，讓他們支持你。

任何要求你沈默，或者否認你有權利成長的人，都不會是你的朋友。
　　　　——艾麗斯・沃克（Alice Walker），美國女作家

第三部

生命是跳躍的動詞

生命是跳躍的動詞
——夏洛特帕金斯・吉爾曼（Charlotte Perkins Gilman）
二十世紀初美國著名社會學家暨小說家

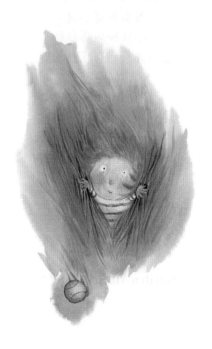

我是怎麼讓自己成為生命裡的
陌生人？
我對這些事情感到陌生——
特技表演的高空繩索和裝菜餚的暖盤和
抓蜥蜴
大聲朗讀詩和攀岩
瑞士山區的約德爾山歌唱法和把衣服反穿
解剖青蛙和搭雲霄飛車
高空彈跳和發表政治演說
剃光頭和表演
鄉村音樂和唸書
拿學位和搭便車
潛水和寫小說
生小孩和跑馬拉松
做巴西式除毛和吃動物腦袋
開車橫越全國
創業和揮舞武器
戴隱形眼鏡和得諾貝爾獎
到非洲旅行
去參加校園舞會和烘焙
派餅和拍電影
我必須提醒自己
生命對我並不陌生……
是我讓自己對它陌生。

——瑪若琳・瑪賽爾（Marilyn Maciel），《陌生人》（*the stranger*）

第九章

成為你自己

日子一天一天過去，要不斷維持你替自己創造出來的角色會讓你
筋疲力盡，所以你又恢復本性，每一天變得更像你自己。
有時這會讓周圍的人無所適從，但對當事者來說卻能鬆一大口氣。
——阿嘉莎‧克莉絲蒂（Agatha Christie），英國著名偵探小說家

　　這是一張綠色的美工紙，上面黏有三個橘色小島，把整張紙劃分
出鮮明的區塊。整張紙大約有十七吋長，事實上它的面積是十七吋乘
十一吋。如果我在學校學過公制，就可以換算成公分，不過既然沒學
過，那就撇開這部分，繼續往下談，不去大力撻伐美國的教育系統有
多失敗。
　　在開幕會上大家被要求創作出拼貼畫來代表我們的生活，尤其要呈
現出在曉違的兩年間所發生的種種。大家聚在接待處，手裡拿著剪刀和
口紅膠，將雜誌撕得四分五裂，相互分享各種圖片——「這個會讓我想
到你！」收受者聽得一頭霧水，搞不懂原因為何——然後，帶著同樣強
烈的目的性往自助晚餐進攻。當我在撕雜誌時並沒思考，或者其實有？
整個過程多半在無意識的狀態下進行，直到隔天早上我跟團體解釋我的
拼貼畫時，真相才豁然開朗。

週末時我們重新利用拼貼畫做自我介紹。大家訴說人生中的失落、挑戰、新戀情、追尋真愛、成功，以及生命裡的輕重順序等林林總總。

我的拼貼可說是一副極簡畫。大家都在自己的美工紙貼上各種漂亮的圖案，但我的只有一張圖和幾個字，其他地方處處留白。我開口後，才發現自己說的話是我之前從未想過，就連前一天晚上我割下那張樹被強風吹得幾乎從中折腰的圖片時，也沒意識到。

「這個，」我指著那棵樹，說：「就是我在二〇〇五年以前的生活。」

連我自己都被這句話嚇到，但話既出口，覆水難收，加上正有二十雙眼睛滿懷期待地直盯著我，看來非硬著頭皮說下去不可。於是，我繼續說。

正如美國現代詩人康明斯（e. e. cummings）所言：「你必須有勇氣，才能成長，變成真正的你。」低頭熬過強風欺壓，經歷過這個或那個事件後——即使它們可能是成功或獎勵——二〇〇五年我終於開始導正自己，把根深深扎入大地，迎抵強風，訴說我自己的真實故事，而非那些我覺得自己應該說，或者別人要我寫成書的故事。

我告訴大家，捫心自問後，我知道自己在這幾年的專業生涯裡裝腔作勢地演戲，我知道這些不是我真正該做的，有時甚至會抽離出來看著自己。根據別人的標準，我可說功成名就，但在我看來並非如此。我會看著自己寫的書，彷彿那不是我的作品。諷刺的是，現在依照我的標準來看，我卻是最成功的人，即使在別人看來我挺失敗。對我來說這是很好的學習，同時處於心理學家馬斯洛（Maslow）提出的心理需求六層次的最上層和最下層，敢拒絕某些金錢報酬，只因它們會妨礙我追尋自我。對我來說沒有比現在更適合寫作。

　　若我們喪失與眾不同的權利，我們就失去自由的殊榮。
　　——查理斯‧埃文斯‧休斯（Charles Evans Hughes）美國首席大法官

幾年前，我到潘藍工藝學校（Penland School of Crafts）上課，對我來說那裡是個神奇之地——我可以抬頭挺胸地穿著我的勃肯涼鞋，把化妝品丟掉。那裡的工作室二十四小時全天候開放，身邊隨時都有藝術家進行創作，而這種畫面自然得沒啥好驚訝。那年我參加為期兩週的課程，美中不足的是其中有兩天必須重拾光鮮套裝，畫上眼線，拎著公事包飛到達拉斯，替某大金融機構的執行長和高階主管舉行成長工作坊。

風一吹，經常塵沙飛揚。

想到要為了一群以黑莓機對決的企業人士離開這個神奇之地，就好像眼裡跑進沙子，一整個不舒服。離開前一晚吃飯時，我邊吃邊哀怨我的命運，抱怨人生不公平，怨東怨西。我旁邊坐的是前一天才認識的雕塑家，他來這裡學打鐵技術。

他靜靜地聽我發牢騷，我心想，他一定暗自希望此刻旁邊坐的是個織布工、木工而不是喋喋不休的牢騷鬼。「我有時覺得，當我說話，背後有一隻手操控我的嘴巴，讓它移動，就像木偶。」

> 許多人其實把自己當成別人，他們的想法其實是別人的看法，他們的生活方式模仿別人，就連熱情都套用別人。
> ——王爾德（Oscar Wilde），十九世紀愛爾蘭著名作家

「我一會兒回來。」他說：「妳留在這裡別走開。」

我靜靜坐著等了十分鐘，他回來時手裡拿著一張立體卡片。「這是我上次表演後留下來的，」他說：「我想妳會喜歡卡片上面的東西。」

我低頭，看到卡片上黏著一個他製做的小雕塑，那是一個穿著西裝的人，只有軀幹。頭部是一個用過的農耕器具。卡片背後是軀幹背面，上面有個小門。打開門，裡頭有個曲軸。一轉動曲軸，卡片正面的人嘴就會張開。厚實的鐵器生動具體呈現出這充滿隱喻性的工藝品。

一九七六年我住在斯里蘭卡，海岸邊成排的濃密棕櫚樹讓我看得心醉神迷。高聳的樹叢長年頂著強風，棵棵幾乎攔腰彎折。**我驀然體悟**

到，我們一直在往某方向移動，即使沒有自覺。或許今天感覺不到，明天或者下週四也沒異狀，但終有一天你會驚覺——我們呈現給世界的形象，會清楚說明這些年來勁風是從哪個方向吹襲我們。

十七世紀法國作家拉羅什富科（François Duac de La Rochefoucauld）說：「我們太習慣在別人面前偽裝自己，以致於最後我們在自己面前也戴起面具。」那些被強風吹撲的樹很快就會長成攔腰彎折的樣子，一直保持那種姿勢。那種過程慢慢遞增，但會一一累積，漸進且持續。意圖和方向，意圖和方向。

成為你自己。這樣的你不被外力左右，能挺直晝立，在勁風呼嘯和文風不動之間找到完美的平衡。我好奇，什麼樣的風吹著你？那道風徐徐漸進到你甚至不察自己已彎腰駝背了嗎？

你和我，在最後一天，也就是第三十七天聚首時，要活出一篇令人難以抗拒的訃聞。訃聞裡我們的故事應該由我們自己撰寫，而不是死後才等著別人拚湊。

活出一篇令人感動的訃聞

我的父親是誰並不重要，重要的是我記憶中的他是個怎樣的人。
——安・謝歌絲登（Anne Sexton），美國五〇年代女詩人

我祖母家的旁邊就是北卡羅萊納州屬精神病院的墓園，小時候那裡瀰漫的強烈氛圍常讓我害怕。有一次，在哥哥相陪的壯膽下，我跑進墓園，結果所見的東西讓我震驚得停下腳步：白色矮柱之間串起綿延數哩的鐵鍊，每隔相當距離就掛上一個小鐵牌。鐵牌上面寫的不是那些被遺棄的精神病患的名字，而是數字：一二一四七、一二一四八、一二一四九，長達好幾哩。

我們死後留下來的是數字，或者故事？

我投故事一票。

我會閱讀別人的訃聞，這習慣已維持好幾年。

有時，我會欣賞到精彩的生命故事，或者令人讚歎的悼念法：「他在操作重機械方面具有上帝賜與的天賦。」這句妙語摘自《艾旭維爾市民時報》（*Asheville Citizen-Times*）。

最近讓我嘖嘖稱奇的，則是出現在該報的另一則訃聞，死者是蘿文·羅倫茲女士。「在姨媽去世前兩年，她開始改掉某些聲名狼藉的個性。從此之後我們不再聽到黃色笑話，比如，農夫與來訪的牧師、美麗的小芭蕾舞者、還有池塘裡那隻說『不，我說過，不行，不行，不行』的青蛙，除了這些，還有很多很多。」

> 如果把悲傷融入故事中，或者以說故事的方式來敘說它們，
> 你就能忍受所有的悲傷。
> ——以莎克·迪尼森（Isak Dinesen），丹麥女作家

「我的姨媽，」該訃聞繼續寫道，「她曾經把自己吃胖到近一百公斤，但她量身高時得努力伸展才勉強有一百五十七公分。她愛吃厚肉塊、酸菜豬肉配馬鈴薯、雞肉和餃子、麵包布丁、番茄和脆餅、炒高麗菜、奶油玉米以及任何以肉汁滷過的食物。直到最後，她真正該攝取的食物則精簡到只需三樣東西（如日本俳句只有三句）：煮兩分鐘的半熟蛋、柔軟的義大利白麵包夾黑莓醬，以及溫熱的牛奶。」

真的如俳句一般。

此外，這位姨媽似乎很討厭貓，「就連廣告裡的也不例外，每次見到電視上出現貓，她就準備尖叫。她有辦法依照時間順序說出美國歷任總統，還能侃侃而談每一位的生平簡史。」

幾年前《華盛頓郵報》（Washington Post）寫了一份簡

> 每個人的一生就是一本日記，裡頭記錄的是想要寫的一則則故事。而最卑微的時刻，就是當把這本日記與曾誓言寫出的日記拿來比較時。
> ——詹姆斯·貝瑞（James M. Barrie），蘇格蘭作家，創作出小飛俠彼得潘

要訃聞的樣本，說明該如何以最簡潔的方式描述往生者的一生，呈現出人格特性。這種訃聞的字體會加粗，放在近期往生者名字底下。我心想，我們要怎麼以俐落扼要的敘述來記錄一個人活過的整輩子？我個人最喜歡的簡要訃聞包括「保管箱竊賊」，以及「劈啪、喀啦、砰的創始人。」（譯注3）（我的訃聞會是什麼樣子？你的呢？）

我替繼父寫的訃聞違反了大多南方浸信會那種簡潔嚴謹的死亡公告風格（他活著時，謹守什一奉獻，他死了，回天家了。）因為我鉅細靡遺地描繪了他生前的模樣。在這過程中，我開始納悶自己的訃聞會有些什麼內容，畢竟這一天必然來到。別人會用哪些字句來描繪我這個人？我的哪些善行會特別被懷念？我的哪些事蹟最反映出我的本質？哪種人際關係最能代表我這個人的核心？我的食物喜好呢？最愛的笑話呢？對於重機械的掌握能力呢？

所以，有一天早上，在前往西雅圖的三萬七千英尺高空中，我在 Tops Docket Gold 便條簿上寫下我自己的訃聞。這份訃聞成為我的抱負宣言。**如果我離開人世後，希望別人是這樣子想到我，談論我，那麼，我每天應該做出什麼樣的決定來達成這目標？**

著名女主持人歐普拉曾把一位年輕母親罹癌去世前的最後一段日子記錄下來。這位母親在最後幾個月把她想對年幼子女說的話錄影下來，以便身後能留下智慧話語，教導他們關於生活，關於談戀愛、洗衣服、寫感謝卡、烹煮朝鮮薊，藉此寫出一本初階生活指南，指導他們處理生活的大小事。見到這個故事，我才想到其實在我沒察覺的狀況下，我也替我女兒做了這些事，起先是透過我的部落格「三十七天」，現在是透過這本書。在最後那幾個月，這位母親和丈夫帶孩子到迪士尼樂園等地，他們迫不及待要把全家福的歡樂時光永遠烙印在孩子的心裡，因為

譯注

3　「劈啪、喀啦、砰」（Snap, Crackle, Pop）是四〇年代美國早餐穀物片廠商家樂氏（Kellogg's）的廣告所創造出來的三個卡通人物的名字，並搭配廣告歌曲吸引小朋友的注意。

她知道自己跟他們相處的時間不
多了。

年輕媽媽去世後，歐普拉邀
請她的家人回到節目裡。歐普拉
心想，他們應該會想聊聊全家一

起出遊的快樂時光，所以就問孩子，對母親最難忘的回憶是什麼。結果
小女孩淡淡地說：「我記得有一次媽媽要我拿一碗圈圈餅給她，我們一
起吃。」

這不是大事，都是一些小事。

父親一九八〇年五月十二日過世後，我的生命就產生了無法逆轉的
變化。他死的時候才五十三歲，對當時處於少女階段的我來說，這年紀
似乎很老，但隨著我年紀漸長，朝向同樣的數字邁進，才驚覺這數字短
暫到讓人震驚。如果我的朋友也有相同命運，大概多數人已經不在人
間。現在我才明白，對父親來說，這麼早離開人世有多殘酷。

那時我的年紀太小，無法以
他配得的榮耀來褒揚他，所以我
想藉這機會抒發我在他去世多年
後所寫的一段話：

梅爾文・隆尼・戴，離世時臉上有著深深的笑紋，因為他
皺巴巴的臉龐永遠帶著歪斜笑容，一笑外側眼角還會往下掉。
他在加略山浸信會的追思禮拜大爆滿，晚到的人只能站著。他
在世時堅信施比受更有福，所以許多人遠從各地而來，甚至遠
從密蘇里州，就為了見他最後一面，對他點個頭，祈禱祝福
他，對他行禮致意。

爹地是理髮師，一位真正的理髮師——他的「現代理髮
店」不是瀰漫著新奇美髮產品氣味的華麗美容沙龍，而是有皮
革和陶瓷製作的老式理髮椅、會打出熱泡泡的機器、剃刀還得

在磨刀皮帶上磨利的傳統老店。那裡是我放學後的避風港，可以讓我摸到熱氣蒸騰的毛巾、聞到黑色塑膠梳放置的藍綠色生髮水、踩過地上一層厚厚的碎髮。

在我念小學時，他也是「愛心媽媽」。這在當時很奇怪，在一群為了萬聖節派對而忙著給橘黑色杯子蛋糕撒上糖霜，以及在學校戶外活動日中給豬仔抹油的媽媽當中，他經常是唯一參與的男性。

還是小女孩時，我會抓著他的手，輕輕踩在他那雙永遠閃亮的黑色硬皮西裝鞋上。他的兩隻腳都會穿上襪子，有時襪子會稍微扭轉。他很愛這雙鞋，不穿的時候還會在鞋裡放進木頭鞋撐，防止皮鞋變形，所以能在這雙鞋子上跳舞除了讓我開心，也是一種莫大的榮耀。好多個下午，他會在理髮店裡假裝替我刮鬍子，把刮鬍泡沫抹在我臉上，以一條條像白色肉桂捲的熱毛巾來擄獲我的心。

十六歲時媽媽想留住我，不讓我去斯里蘭卡當交換學生，但爹地只簡單說了一句：「讓她去吧。」其實他就像個被困在小鎮的冒險家，所以我和他密謀在我大學畢業時一起回斯里蘭卡慶祝。可是他沒能等到那一天，沒能等到我的結婚典禮，沒能等到我需要他在場的許多時刻，親眼見到我的兩個女兒出世。現在，對女兒們來說，他是一位抽象的作古先人，只是一張照片，一個密碼。

有個名叫里昂的年輕瘦小子曾在「現代理髮店」工作，他專門負責從門口數來第二張理髮椅。後來爹地因為心臟毛病而賣掉理髮店，里昂轉行當警察。五年後，超過兩百輛送葬車隊要送爹地去墓園時，在交通安全島上有個人穿戴整套警察制服，一個人專注佇立，戴著白手套的一隻手放在眼睛上行正式禮，一手抓著帽子擱在心臟部位。他就是里昂，對一位小鎮的理髮師致上感人的敬意，因為這位理髮師不僅是理髮師而已。

爹地四十七歲第一次心臟病發作，種下了數年後的死因，最後是因為心臟無力，造成肺部積滿水而病逝。他的生和死造就了今天的我。坦白說，我願意折壽好讓他活得久一些。

幾十年了，爹地，你一直活在我心裡。

一九八〇年他以五十三歲辭世，此後我的生命就以這事件為支點而旋轉，或者這事件不是支點而是鉚釘，把一切牢牢釘住。不，或許是金屬扣眼，讓所有人事物得以從中穿過並繫牢？對，既然這件事意味著空洞，我想那應該就是金屬扣眼。這就像費瑪的最後定理，百年難解，我恐怕得花三百五十七年才能搞懂。我想，我們每個人都有這種必須解開、裝滿、修補、繫緊的生命事件吧。

> 時候到了，活出你想像的生活吧。
> ——亨利・詹姆士（Henry James），十九世紀美國作家

三十七天：即知即行的挑戰

生命的意義不在於大事——事業成就之類的大事，而是一些小事，比如捧著大碗一起吃圈圈餅、臉上塗滿溫熱的刮鬍泡泡、在沙坑玩耍、操控重機械的天賦異稟、每天生活裡的小冒險。在你的生命中，哪些人很重要？你希望離世時他們會怎麼談論你？活得精彩、活得令人難以抗拒，這樣一來當你死去，你身後留下的那些人會覺得世界因你的離世而變得頓失光采。

行動：

專注的自由書寫：

- 花十分鐘寫寫你想要的訃聞，讓你成為一個故事，而不只是一個名字。

- 從三種不同的觀點來寫這份訃聞：你的家人、你的摯友、你的社區或職場上的熟人。

當你死後，你希望這些人怎麼描述你？他們對你最鮮明的印象是什麼？他們會說起你的什麼事？他們會想起什麼跟你有關的趣事？這些都不是大事——事業成就之類的——而是小事：你對他們露出的微笑、他們永遠可以期望你會去觀賞他們的芭蕾獨舞、你會好心幫他們照顧孩子，好讓他們可以去看喜劇演員喬治·華萊士（George Wallace）的演出。

進擊：

接下來三十七天，每一天都依據那份訃聞來活。

跋

我不要沒活過就死去……我要選擇好好過每一天，
讓我的生活開展……冒險拋開我原本的標籤。
——道娜・馬爾科娃（Dawna Markova），潛能激勵作家

　　每年夏天我都會離開原本的職場生活，偷偷地換上藝術家的身分。
所以八月時，你大概只能在北卡羅萊納山區的潘藍工藝學校找到我。在
這裡的多半是名正言順的藝術家，不像我這種只是半吊子的藝術愛好
者。我在這裡研究手工書籍裝訂術，學習古代印刷和木刻印刷。

　　在潘藍工藝學校裡，有著珠寶工匠、鐵匠、陶瓷工匠、書籍設計
師、編織匠等，全都是充滿熱情的創意人士。他們知道自己在生命中該
做些什麼，並以充沛的精力和不凡的視野去執行。我像個孩子闖入這個
世界，因著周遭這些人的創意火花而陶醉狂喜。

　　但有一年我遇到麻煩。剛到的第一晚，晚餐時大家各自介紹背景。
有個人說：「我是陶藝家。」接下來那位宣布：「我是雕刻家。」我
說：「我是管理顧問，主要在幫助企業解決職場多元性和結構不平等的
問題。」鴉雀無聲。

　　早餐時，我已經修正好我的說詞。「我是作家，」我說，大家果然
讚賞地點點頭。我發現就在改變說法的剎那，新的身分讓我獲得更清
晰、更熱情、更獨特的願景。

　　我在潘藍工藝學校一直都能學到許多與美和藝術有關的事物，但最
大的收穫莫過於有一年從珠寶匠老師肯恩・波瓦身上學到的。一天他從
皮夾裡掏出一張妥善摺疊的舊紙，上面列出早年考慮轉換生涯跑道時所
列出的目標：

　　1. 有趣。
　　2. 賺錢。

3. 有未來前途。

4. 對該領域能有所貢獻

5. 能認識新人脈。

6. 可以到處旅行。

7. 有休閒時間。

8. 能有所學習。

9. 能把我所懂的教給別人。

> 你沒那麼多時間去做這輩子想做的所有事，所以你必須選擇。但願你做出的選擇，乃根據你的深層意義。
> ——佛瑞德‧羅傑斯（Fred Rogers），當代美國教育家

「在這過程中，我學到的是，如果某些機會或案子符合這些目標的四項或以上，多半可以成功。若只符合三項或更少，通常會失敗。」他解釋：「比方說，如果某個活動讓我可以賺錢、旅行和學習，但僅止於此，那麼，我回家時會覺得**那又如何**？我不能結交新朋友，沒有享受到樂趣，沒有機會貢獻能力，還花了四天到某個我根本不了解的地方。這種案子會讓我覺得自己的精力用錯地方。」

我在潘藍工藝學校得到的清晰感，讓我思考如何把願景、目標和行動結合在一起。所以一回到家，我就列出日後做決定的十大標準：

1. **直覺。** 當我想到接受該案子時，我的感覺是沉重或輕鬆？

2. **樂趣。** 做這件事會讓我感受到自己在享受生命、品嚐生命、充實地活著嗎？

3. **有所學習和傳授我所學的東西。** 這件事能讓我在知識、情緒、身體或靈性上有所成長嗎？能讓我把我學到的東西傳授下去嗎？

4. **人脈關係。** 我能從中認識新朋友嗎？能藉此想到當下及長期人際關係的價值嗎？

5. **對家庭的投入。** 我能盡量減少奔波在外的時間嗎？或者我能帶著家人同行嗎？

6. **增加某領域的知識**。這個案子能讓我對於我有興趣的藝術和相關領域更為了解嗎？

7. **意義**。這件事會讓我或其他人的生命變得不一樣嗎？

8. **賺錢、有前途**。這個機會能讓我以金錢來評估我所投入的時間和心力，幫助我在財務上負起責任嗎？

9. **真實**。這份工作能讓我說出該說而且衷心相信的話嗎？

10. **仁慈**。做這件事能真正幫助到其他人嗎？

現在我很確定有個工作機會符合至少四項標準，幸運的話有六項。

同樣地，你也該有自己的標準。如果某個案子、工作或機會不符合你的標準，或許你應該把精力、願景和熱情省下來，創造另一種藝術。

我們都會被要求做很多事，很可能答應了某些事之後非常懊悔，希望自己當初拒絕。這裡有四項挑戰等你去迎接：(1)在紙上列出你的取捨標準。(2)將紙摺成小小的正方形。(3)放進皮夾中。(4)當有人打電話來要你以阿爾巴尼亞的國旗顏色繡四百條手帕，或者九百個布朗尼甜點以供應給圖書館員會議，先別急著做決定，把那張取捨標準拿出來，看看這些事情是否符合你的標準……然後讓自己有更多的時間去享受那些符合標準的事情。

這樣一來你的三十七天會變得更自由自在。

你要怎麼度過這三十七天？

你**正**怎麼度過這三十七天？

心理學家阿弗列德・阿德勒（Alfred Adler）說，我們應該「只相信行動。生命發生在事件中，而非言語中。請相信行動的力量。」接下來三十七天（或者超過三十七天）去做什麼事可以讓你產生創意性的正面能量？讓你感到具意義的喜悅、好的因果福報、光明的人生方向，同時讓生命有更深層的開展？哪件事情可以讓你邁向更圓滿、更真實的人生？你可以連續做三十七天嗎？正如作家安妮・迪勒（Annie Dillard）

提醒我們，「我們怎樣度過一天，就會怎樣度過人生。」

最重要的，就是要把重要的事情當成最重要。
——賴瑞‧詹姆士（Larry James），美國著名田徑選手

　　或許你該做的事情很簡單，比如接下來三十七天每天整理抽屜，或者每天寫俳句，如此一來就可以打破你的舊有模式，讓你看見**更多東西**。或者每天吃五種蔬果、每天寫文章十分鐘、每天走路十分鐘，或者每天寫明信片給一位朋友。或者，挑選這本書裡「即知即行的挑戰」的其中一則，連續去做三十七天。不論那事情是什麼，或者有多小，反正就去做，只要做三十七天。

　　這種挑戰很可行，**現在就下定決心，找出你要做的事**，然後動手去做。

　　你也可以接下來三十七天**停止做某事**，比如停止逃避、停止花錢、停止吸菸、停止找藉口、停止怪罪、停止批評、停止吃紅莓糖霜吐司塔（完全是假設性的例子）。

　　把你的焦點縮小在一件事，一件小事情上。連續去做三十七天，就從今天開始，別等到下週二，別等到你吃完蜜脆蘋果沾美味焦糖，別等到去過巴什科特斯坦共和國（Bashkortostan）和墨西哥州的阿布奎基市玩過，別等到你把儲藏窖裡的罐頭食品按照字母排列好，或者等到把尖頭湯匙磨得更尖之後才開始，而是立刻行動，現在就去做。接下來三十七天，努力改變你的生活，更深刻充實地去過每一天。然後從頭開始。把每一天都當成唯一的一天，上帝賜與的寶貴一天。

　　（當你力行這項挑戰時，順便回答這個問題：為什麼我們不好好遵守這麼簡單的自我承諾，而要讓自己沮喪？）

　　正如我的國中同學麥克斯‧布理斯托在他的夾克背後所寫的字。當時我們上體育課必須跑完一哩路，在他超越我時，我看見他的夾克背後有個令人安慰的句子——「只要知道有終點，男人〔我必須補充一點，

女人也包括在內〕就可以忍受任何事。」

二〇〇三年，啟發本書靈感的男人波伊思（我的繼父）被診斷出肺癌，三十七天後撒手人寰。

充分利用接下來的三十七天，這點很重要，**把每一天都當成唯一的一天，上帝賜與的寶貴一天。**

生命是跳躍的動詞。

　　　　說肯定語

　　　　要慷慨

　　　　發表意見

　　　　多愛一些

　　　　信任自己

　　　　放慢腳步

接下來三十七天你要做什麼？

你要怎麼過這不羈且珍貴的一輩子？

冒險拋開你原本具有的重要性。

> 成為你想要成為的那種人，現在開始永遠不會太遲。
> ——喬治・艾略特（George Eliot），十九世紀英國小說家

致謝

除了作者，一本書的付梓要歸功於許多人，從第一位靈光乍現，想到透過可攜式打字機的發明來進行拼音文字創作的人，到伐木工人砍下樹，做成紙漿，最後用於印刷。雖然我們通常無法認識樹木本身，但它們的確無私地奉獻給人類。

——里察．佛西斯（Richard Forsyth）與羅伊．拉達（Roy Rada），兩人為專研人工智慧方面的學者

讓我們想像所有的學習都發生在一處濃密的原始森林裡。駛下高速公路，進入樹林中，偶爾你會見到一片空地大到足以讓明亮夜空或者閃耀星星在這片森林空地上投射出一小塊圓形光點。這半透明的光線映照著黝暗樹木之間那一朵朵努力綻放的花兒。這一小道光負有重責大任，一次以一小圈光來照亮路途。在我的生命中，很多人就是那道光。在此不可能把他們的名字一一列出，我希望他們能知道這點。但願我想得沒錯。對，我說的他們就是你。

有幾位特別值得感謝，他們讓這本書得以在森林裡紮根茁壯。

我那得年五十三歲的父親是第一位教導我人生有多寶貴的人，只不過這番體悟所付出的代價實在太大了。我要為此——以及好多事情——感謝梅爾文．戴，你雖然走了，卻永遠為人懷念。

感謝母親——法蘭絲．戴．哈定——謝謝妳最後還是同意十六歲的我到斯里蘭卡當交換學生，讓我的世界變大，雖然這決定嚇到了妳。感謝妳總是在我的行李箱裡塞進紙條，讓我每次在女童軍營區打開行李時就能看見，以及妳為我所做的很多事情。感謝大哥——米奇．戴——感謝你忍受我（對了，要感謝你在我放火燒窗簾時幫我滅火）。感謝繼父——波伊斯．哈定——這本書的靈感來自於你在被診斷出罹癌後三十七天去世。這件事讓我終於深刻體會，說出自己的聲音有多緊要。

派克特夫婦，瑪麗和法蘭克，感謝你們持續支持，感謝你們把約翰

帶來這個宇宙，讓我能尋覓到他。感謝瓊恩・富勒姨媽，妳的愛和支持對我們意義重大。也感謝維多利亞・「娜娜」・派克特，我們深深懷念妳。

我想感謝桂格公司的「清晰委員會」，這個團體是該公司為了幫助員工獲得清晰的願景所設立。在我的清晰委員會裡有三個「副主席」，雖然他們並不知道自己擁有這個頭銜。其中一位是我的事業暨創意夥伴大衛・羅賓森，他是地球上最令人難以置信的人，有辦法讓我笑，但也會讓我傷腦筋到腦袋快爆炸（他的夥伴「S. B」阿柏娜西，是個充滿智慧的女人，感謝她讓我們兩人一開始就能共事），另一位副主席是里察・魯德曼，他遠從（有著「四通八達公路網」的）紐西蘭來到美國，以最棒的問題來詢問我——對我來說，你可說是個稀世珍寶。第三位副主席就是我親愛的以色列朋友伊立艾夫・札凱，他是我遇過最睿智的人，雖然每次划獨木舟必然落水。伊立艾夫總有辦法以能讓我笑又讓我深思的方式來認識我自己。在此我要對大衛、里察和伊立艾夫致上最深的謝意和愛意。

特別感謝我的好友蘿絲瑪麗・洛思和凱・克里奔，她們就像十七世紀英國復辟時期的著名演員「馬歇爾姊妹花」，美麗又惡毒，不管我問些什麼或說些什麼，她們的眼睛連眨都不眨一下。還有艾須黎夫婦里察和艾曼達，我的工作基本上都跟他們有關係。至於查理士・漢普丹・透納，他就像我的智慧導師，雖然我堅持平凡的作法或許會讓他不屑平凡這個詞彙。里察・哈里士和朵瑞恩・加蘭亦克為我敞開他們位於新墨西哥州的家。霍華・霍爾登在我說一些肉麻話（比如我愛你）時責罵我。

而來自遠方的朋友也給我無比的支持，南非的東尼・福洛思特、日本的木朝林、德國的西爾德・「燈源」・瑞格納、巴西的路易茲・西歐區、英國的強尼・摩爾、斯里蘭卡的阿吉思・寇隆內和尼拉西・賈亞提拉凱、加拿大的戴夫・波拉德、以色列的亞隆・羅斯、杜拜的梅格・M. T. S・派瑞、紐西蘭的傑克・楊以及安德魯・瑞克松，來自澳洲的他會以一種特殊的方法質問你，但被質問的人不會感覺到被質問，反而有一

種豁然開朗的感覺。

感謝所有在我的部落格上留言鼓勵我的網友，深深感謝大家的參與。若重新定義社群，我們就能讓真實和虛擬生活之間的界限變得模糊。你們或許永遠不明白你們的鼓勵對我造成的影響，但是請記得，我的心池確實因為你們而起了大漣漪。

《Skirt！雜誌》的發行人妮基‧哈定是第一位來跟我接洽，商談將我部落格「三十七天」裡的文章編纂成書的人——實在很感謝她有這麼大的願景和信心。環球皮科特出版社（Globe Pequot Press）旗下skirt! 書籍部的編輯瑪麗‧諾莉絲歷經我的多番「要求」仍能存活，總是帶著優雅的態度，在我需要克制自己想掌控排版印刷事宜時，以幽我一默的方式來處理。感謝依玫‧丘瑞爾一手統籌整個出版計畫。感謝本書的設計師戴安娜‧努恩，感謝超優秀的文字編輯籮拉‧裘絲塔，行銷經理潔可琳‧威爾森，以及公關人員鮑柏‧賽姆必昂特——感謝你把這本書帶給全世界。

布魯克斯‧湯恩斯（Brooks Townes）和潘恩‧羅托以其充滿智慧的建言讓本書的草稿改進不少。「大煙寫作協會」（Great Smokies Writing Program）的師生持續以精湛見解來琢磨我的寫作能力，其中最先鞭策我的就是賽柏斯俊‧馬修，他充滿智慧地問我一個問題：「什麼樣的場合讓你想發表演說？你想站在哪裡說你的故事？為什麼你是那個可以說故事的人？」

如我的部落格讀者所知，若沒有感謝影星強尼‧戴普和詩人比利‧科林斯，我就犯了天大的疏忽。對他們兩人，我有個私人訊息：**請打電話給我**。

最後，我要把一切獻給被我摧殘後仍倖存的人類：夫婿約翰、女兒艾瑪和泰絲。這輩子能跟他們生活在一起，是我三生有幸。感謝好老公約翰，在我頹廢墮落的時候永遠會拉我一把。我要把最大的感謝獻給他，感謝他開啟我的寫作和思考空間，並幫我維護這個空間，而且在我跟著他吃素之前，持續供應我 Fage 牌的優格。

感謝我的女兒艾瑪和泰絲：妳們是我最棒的老師，也是我心的主人，更是我靈魂的太陽系。這本書是為妳們兩個而寫。

最後，感謝我的貓咪心心。在我寫作三本書的期間，她都在我的大腿上陪伴著我，希望接下來三本書她也會繼續窩在我的大腿上。

寫致謝詞比寫書難，因為有太多人要一一點名感謝——但我希望為了此書而犧牲奉獻的樹木愈少愈好。

保持連絡，好嗎？

愛你們的
戴派蒂
寫於北卡羅萊納州艾旭維爾市

進擊：

你以為讀到本書最後，沒有作業要寫？

列出曾幫助過你的二十個人，並以一、兩句話寫下他們對你的幫助，比如「感謝你教我吹口哨」、「感謝你開口問我可以透過什麼方式對我表示支持」、或者「感謝你幫我把冷凍食品和雜貨分開來」，或者「感謝你改變我對亂流的看法。」這個禮拜就用 e-mail、信件或電話，把你的感謝表達出來，讓他們知道對你的幫助。

現在就做，

明天很可能太遲。

國家圖書館出版品預行編目資料

37 堂改變人生的生命書寫課 / 派蒂・戴（Patti Digh）
作；郭寶蓮譯. -- 初版. -- 新北市：世潮, 2012.05
　面；　公分. --（暢銷精選；46）
　譯自：Life is a verb: 37 days to wake up, be mindful,
and live intentionally
　ISBN 978-986-259-019-5（平裝）

1. 生活指導

177.2　　　　　　　　　　　　　　101003025

暢銷精選 46

37 堂改變人生的生命書寫課

作　　者／戴派蒂（Patti Digh）
譯　　者／郭寶蓮
主　　編／簡玉芬
責任編輯／陳文君
封面設計／鄧宜琨
出 版 者／世潮出版有限公司
發 行 人／林正村
地　　址／（231）新北市新店區民生路 19 號 5 樓
電　　話／（02）2218-3277
傳　　真／（02）2218-3239（訂書專線）、（02）2218-7539
劃撥帳號／17528093
戶　　名／世潮出版有限公司　單次郵購總金額未滿 500 元（含），請加 50 元掛號費
酷 書 網／www.coolbooks.com.tw
排版製版／辰皓國際出版製作有限公司
印　　刷／長紅彩色印刷公司。祥新印刷股份有限公司
初版一刷／2012 年 5 月

I S B N ／978-986-259-019-5
定　　價／280 元

and light green (faded)

- blue green - bright yellow

...olet (two shades...

...us some strands...

in violet, light pink...